新型コロナウイルス影響下の法務対応

中央経済社

[編]

中央経済社

目　次

第1章

新しい時代の業務のやり方へ
企業法務全般に係る心構えと対応

サントリーホールディングス株式会社
リスクマネジメント本部　法務部　部長　明司雅宏

> 新型コロナウイルスの猛威は，企業法務の業務にも多大な影響を与えている。しかし，今まで培った「リスクに対する想像力」「代替案の提示力」「当事者意識をもった総合的な判断力」があればこの危機に貢献できるはずである。また，リモートワークが標準となる中で，業務のあり方が変化していくが，これを新しい時代の仕事の進め方として前向きに受け止め，「Post コロナ」時代になっても決して戻ることなくこの動きを進めていくべきである。

I 新型コロナウイルスにおける法務業務への影響

1 業務のやり方の変化

(1) 個々人レベルでは実はあまり変わらない

新型コロナウイルスの影響で，多くの企業でリモートワーク・在宅勤務が原則となっていると思われる。従来から法務部門の業務は，文字情報を中心とした業務であったであろうから，個々人レベルの仕事のやり方には多くは変化がないのではないだろうか。

たとえば，営業現場で働く者は，訪問ができなくなるため，メール・電話といった手段に頼らざるをえなく，業務のやり方の急速な変化が求められている。しかし，法務部門は，その業務のほとんどをオフィスの自席か会議室で行っていたはずである（出張や外出もあったであろうが，毎日というわけではないであろう）。

つまり，新型コロナウイルスの影響で，「個々人レベル」の仕事のやり方には変化はあまりないと推察される。

なぜなら，1人で行う作業的な業務は，他者の存在を必要としないからである[1]。

(2) 組織・メンバー間の「人」と「人」の距離の変化

ただ，変化が全くないというわけではない。新型コロナウイルス対策として1番重要な施策として，「SOCIAL DISTANCING（社会的距離）」がある。つまり，他人との距離を2m以上空けることや，近づいての会話を行わない，対面での食事を行わないといったことである。

実は，取るべきは，「SOCIAL（社会的）」ではなく，「PHYSICAL（身体的）」距離ではあるが，今まで毎朝のように同じ時間に出社して，挨拶を交わし，パソコンの画面から顔を上げればメンバーの顔が見られた環境で働いていた我々にとって，「PHYSICAL（身体的）」距離を取るということが，「SOCIAL（社会的）」な距離を生み出しているに違いない（その意味で「SOCIAL DISTANCING」という用語は正しい）。また，それは，事業部門などの他部署との間や外部弁護士などの関係者との間でも生まれているかもしれない。

1　ハンナ・アレント（志水速雄訳）『人間の条件』（筑摩書房，1994）には，「たとえば労働という活動力は他者の存在を必要としない。」という記述がある。

これから長期間続くことが想定される新型コロナウイルスとの闘いの中では，この「人」と「人」との間の「SOCIAL（社会的）」距離について考察を深め，新しい「SOCIAL（社会的）」距離のあり方を示さないとならないと思われる。

2　業務内容の変化

(1)　従来業務はどうなるか

従来の業務は，徐々に変化を始めている。たとえば，営業部門が訪問活動の頻度を落とすことで，必然的に新規案件は減少していく。先が見えない中で，不要不急の投資案件（それは平常時でも不要不急であったかもしれないが）も，見直しがなされていく。そうした業務は，それぞれの企業の置かれる環境によって異なるとは思うが，事業活動の収縮によって，法務業務にも変化は訪れている。

(2)　増える業務

徐々に変化が見受けられるものの，特に今後増加する業務については，以下のようなものが想定される。

(ア)　人事・労務関連

休業手当の支払や，派遣契約の取扱い，どうしても在宅勤務ができない業務に出社を命じる場合の問題点など，さまざまな相談が日々寄せられる。

加えて，影響の長期化に伴い，学校の休校や保育所の閉鎖に伴い，自宅に小さな子どもがいる家庭において，育児などに費やした時間を就業免除とする場合の労務管理の方法や，万が一本人・家族が感染した場合や濃厚接触者になった場合の勤怠の扱いなど，今まであまり想定していなかった人事・労務関連の問題もある（新入社員の配属時期や定期的な人事異動などについても課題となっているであろう）。

(イ)　組織関連

株主総会の対応，取締役会のウェブ開催化，意思決定ルール（稟議規程や責任権限規程と呼ばれるもの）の変更や規定外事項の判断などが生じている（たとえばマスクや消毒液の購入を通常の枠組みで実施していてはならないのではないだろうか）。

緊急時においては，平時に制定したそうした意思決定ルールに規定されていない事項が毎日発生する。それらをどのように迅速にかつ適切に判断していくのか，走りながら考えなければならない。

さらには，M&A，組織再編においても，前提条件の変化はもとより，法務局の登記手続が通常より時間がかかったり，電子公告調査機関が業務を中断するなどの事態も発生していたりするなど，過去をベースにしたスケジュールでは対応できない事態にも十分留意しなければならない。

(ウ)　債権回収を含むバリューチェーンの維持対応

平常時であれば，ある特定の取引先に特有の事由（過大な設備投資や粉飾など）により，点ベースで倒産することが多い。個別の債権回収の手段を講じていけばよかったが，今後は，ある特定の業界全体やある地域の企業が，集団的に経営不振に陥ることも十分想定される。さらには，メーカーであれば，販売先だけでなく，原料・包材などの仕入れ先などにおいても経営不振に陥る可能性もあるし，建設工事などの中断や，海外からの輸入が困難となったり，急速に市況が変化したり，すべての領域において変化が生じている。

つまり，点の対応から線あるいは面での総合的な対応が求められてくるのである。

(エ)　不可抗力条項を中心とした既存契約の解釈

そして，特に日本企業同士の契約にはあま

り詳細に規定されていない（規定されていないことも多いのではないだろうか）不可抗力についての検討をしなければならなくなる。

自社が免責されるかどうか，取引先に請求する場合に免責されないようにするにはどうしたらよいか。双方向の検討が必要となってくる。

詳細は本書第2章を参照されたい。

(3) 減る業務

(1)で述べた以外に物理的距離や移動が自粛されることにより，問題が生じえないもの（セクハラ・交通事故対応など）は減少していくのではないだろうか。

つまり，事業活動の縮減に応じた業務減少，外出自粛や在宅勤務の増加による物理的接触がなくなることによる業務減少である（特に後者は収束後も発生しないための施策も今から再度構築しておくことも必要である）。

(4) 実質的な判断の必要性の速度と量が増加する

これらの業務の変化においては，従来にも増して，形式的な法律の解釈だけでは対応できなくなっているし，対応してはならなくなっている。

一例をあげると，労務関連の問題で，休業が「雇用主や派遣先の責に帰すべき事由」によるのか「不可抗力」によるのか否かにより，派遣料や休業手当を支払うべきかどうかという論点がある。

緊急事態宣言によって，事業所が閉鎖を余儀なくされた場合どうするかという問題であるが，法律論としては，「不可抗力」であったり，「雇用主や派遣先の責に帰すべき事由」に該当せず，派遣料を支払わなくてもよかったりして，休業手当の支払が不要であることがある。

しかし，新型コロナウイルスの流行が収束

した際に，それらの従業員等が必要な場合においては，法律を超えて「就業免除」としたり，「一定の手当」を支払ったりするなどの対応をすべきケースもあるだろう。

つまり，今まで以上に，形式的な法律論以上の実質的な判断を，それも通常よりも早く，大量に行わなければならないという事態に直面していくのである。

(5) 総合力が問われる時期

つまり，今までの平常時の業務（年間の予定がある程度立てることができ，業務量を平準化している業務遂行体制）のやり方では，日々の判断，特に全体感をもった判断業務を遂行していくことが，困難になっていく。

また，この時期に法務部門のリソースを急速に増加させるわけにはいかない。そこで，医療現場同様，次に述べる「トリアージ」が重要となってくるのである。

Ⅱ　トリアージの重要性

1　平常時ではなく，非常時であるという認識を持つ

とにかく，少なくとも新型コロナウイルスの流行が「収束」するまでの間は，非常時であるという認識に立つべきであろう。

もちろん，日常的な契約審査や法律相談は，事業が継続している限りは従来どおり継続する必要があるものの，上述のとおり，平常時よりもかなりのスピード感をもって，総合的に日々判断しなければならない状況下で，平常時と同じように業務を行っていてはならない。まず，今は非常時であるという認識を強く意識すべきである。

2　トリアージとは

トリアージとは，大規模災害などにおい

3

て，医療現場において，限られたリソースの中で，患者を分類し，直ちに対応すれば救命できる患者を優先し，平常時であれば治療していたであろう「多少治療の時間が遅れても生命には危険がない者」の治療を後回しにして，さらには，直ちに処置を行っても延命の可能性がない者の治療を行わないという判断を行うものである。

3　法務業務におけるトリアージとは

法務部門におけるトリアージとはどういうものであろうか？

たとえば契約のレビューについてもすべての契約書において，ダブルチェックを必ず実施することを運用ルールとしていたり，契約書の些細な文言についてこだわりをもって対応していたりすることがあるかもしれない。

しかし，今は非常時である。つまり，今やらなければならない業務（たとえば，事業継続のためのルール作り，感染者が出た場合の広報対応支援，BCP プランの継続的な見直しなどやらなければならないことは山のようにあるはずである）にリソースを割き，たとえば，契約審査であっても，修正しなくても大きなリスクがないような文言の修正は避けるなど，優先順位を常につけながら対応すべきであろ（その優先順位も日々変化するはずである）。

取引金額の低い契約などは，極端なことをいえば，法務部門のレビュー対象から臨時的に外すなど，個々の担当者の中での優先順位づけではなく，法務部門あるいは全社的な優先順位づけを日々行う必要がある。これは，Ⅲで詳述するリモートワーク体制においても重要な考え方である。

Ⅲ　基本的な業務遂行体制（リモートワーク）

1　法務の業務はリモートワークに適しているのか？

(1)　そもそも今この問いを立てている場合ではない

法務の業務はリモートワークに適しているかどうかが問われることがあるが，まずは，物理的に「モノ」や「ヒト」に接触しなければ遂行不可能な業務以外の業務はすべてリモートワークが可能であると考えるべきである。

法務の業務は，そのアウトプットは会議の場などにおけるアドバイスであったり，契約書のドラフトであったりとそのすべてが「情報」である。また，遂行の仕方も「ヒアリング」であったり，「会議」であったり，ドキュメンテーションであったりと，「モノ」や「ヒト」に物理的に接触しなくても可能なものばかりである。

したがって，法務の業務がリモートワークに適しているかという問い自体が愚問であろう。本質的に法務業務はリモートワーク可能であるし，法務の業務は今リモートワーク以外の選択肢はないと考えるべきであろう。

(2)　リモートワークができなければ業務をしてはならないといった発想を

仮にリモートワークができない社内環境にある場合はどのようにすればよいだろうか。電子メールが使えない，電話がない，といった企業はありえないだろうから，想定できるのは，セキュリティーの問題であったり，ネットワーク設備の問題であったり，在宅勤務を認める規程がないという社内ルールの問題であったりするのであろう。

まずは，上述のとおり，本質的にリモートワークが可能な業務である法務の業務におい

て，リモートワークを妨げる要素を1日でも早く排除するべきである。

通信環境や設備面の問題もあるだろうが，少なくとも法務の業務は守秘性が高いからリモートワークに適していないという発想は捨て去るべきであろう。人命より大切な企業秘密など存在しないし，してはならない。

2 リモートワークを妨げる2つのもの

(1) 印章・ハンコ

印章，いわゆるハンコの押印が在宅勤務やリモートワークを阻害しているといわれている。まずは，押印頻度の削減（週に1回しか押印しない）などを行うことにより，押印業務に従事している従業員の安全確保を図るべきであろう。そして，さらには電子サインを早急に導入すべきであると考える。

そもそも，証拠力のための契約書であるから，証拠力が保たれれば手段は何でもよいはずである。電子サインの導入に時間がかかるのであれば，PDF化した契約書をメールで複数の関係者間で送信するなどの代替手段で，当座をしのぐことも考えるべきであろう。

(2) 書籍・書類

法務業務において法的リサーチなどにおける書籍や過去の書類へのアクセスの問題も残る。これには，複数のサブスクリプションサービスが提供されているので，早急に加入を検討すべきであろう。参加している出版社が少ない，価格が高いなどさまざまな問題があるが，少なくともこの緊急事態宣言や外出自粛要請が続く間だけでも加入してはいかがだろうか。法務部員の安全を図るとともに，業務品質の維持が図れるための費用と考えれば安いものである。

あるいは，当面の間使用頻度が高い基本書やマニュアル系の書籍の類は，複数購入し，各自の自宅に保管するという手段も考えられる。これについても収束した場合，同じ内容の書籍が複数会社に残ることが無駄ではないかという意見もあるかもしれないが，このリモートワークの流れは，仮に収束した後でも継続するという前提に立てば，(3)で述べるとおり，今から投資しておくべき必要経費として考えるべきであろう。

(3) コスト面

上記(1)(2)についてのコスト面の検討も必要であるが，(1)については，印紙税の節税はもとより，「印紙税について考える時間の削減」につながる。また，電子サインを導入すれば，必然的に契約書のデータベースができあがることになる。

さらには，印刷コスト，袋とじなどの手間，現場が捺印を取得するための時間等を考えると，コスト面では現状より低下する。新型コロナウイルスについては，企業に多大な業績面での影響を与えていることからも，法務部門として，コスト削減を提案できる数少ない施策として，早急に導入すべきであろう。

次に，(2)についてであるが，外出自粛等で出張費などの交通費が必然的に削減されている。これらのコストを少しでも振り替えれば十分に対応可能である（東京・大阪間の往復の交通費だけで何冊の本が買えるだろうか？ニューヨークへの往復を考えると書棚がそろうはずである）。

そこでは，各メンバーにそれぞれ一定の予算を割り振るなど，柔軟な対応も検討に値すると思われる。

Ⅳ 契約審査

1 テクノロジーの活用を

(1) 契約レビューシステム

　AIを活用した契約レビューシステムを利用している企業もあるかと思うが，在宅勤務・リモートワークの今こそ活用すべきであろう。若手メンバーの壁打ち役として，AIを活用した契約レビューシステムは便利である。今までベテランや上司が確認していた作業をぜひシステムにさせてみるとよい。

(2) 契約審査の能力向上策

　今まで，たとえば若手が契約をレビューした場合，いったんWordの修正記録を付したものをベテランや上司にメールで送信し，それを再度チェックしコメントを入れていたかと思う。ただ，在宅勤務をきっかけに，一定の時間定期的に若手へのフィードバックについてウェブ会議を利用して実施することも有益である。

　つまり，ウェブ会議を行う中で，共通の画面を見て，ベテランや上司が口頭でコメントをしながら，自らの修正コメントを入れていく。それを若手が見ながら，ベテランや上司のやり方をまさに目の前で見ることができる。

　会社の隣の席ではなかなかできなかったかもしれないが，リモートだと意外にスムーズに進むというのが実感である。

　管理職の立場としては，部下の状況も把握できるし，部下としてもあまりなかった直接の指導を受けることができ，一石二鳥かもしれない。

2 契約審査にもトリアージを

　Ⅱでも述べたとおり，非常時においては，優先順位づけが何より重要である。在宅勤務

といってもメンバーのすべてが従来どおりのパフォーマンスを発揮できるとは限らない（学校が休校していたり，保育所が閉鎖していたりして，育児などが必要なケースや，そうでなくても，長期間の在宅勤務によるメンタルヘルス面の影響もあるだろう）。

　そこで，これをきっかけにたとえば，軽微な契約は，法務部門の審査対象から外して現場に任せたり，法務部門での業務においてもダブルチェックをやめたり，担当者レベルの判断に委ねられるところは委ねたりと，冗長的であった業務を見直すよいきっかけになる。

　非常時の今は，事業継続やリスク案件，日々発生するイレギュラー事案の判断などに注力すべきであろう。

　そして，新型コロナウイルスの流行が収束したら，上記審査体制をコロナ前に戻すのではなく，「Postコロナ」「Afterコロナ」時代の法務として，新しい課題を「自然に」発生させたり，パートナーとしての役割を広げたりなど，今までやろうと思ってもできなかった業務を行うことを並行して計画する。そんな姿勢が必要ではないか。

Ⅴ 会議・打ち合わせ

1 会議の峻別

(1) なぜその会議はあったのだろうか

　各社においても月次報告会といったものが存在するかもしれない。たとえば，前月に実施した「過去」の業務について報告し，内容をメンバーでシェアしあう。目的は組織長への報告の意味や，メンバー間で知見を共有することかもしれない。

　場合によっては，報告会のために資料を作成していたかもしれない。

　しかし，それは平時には有益かもしれない

が，今は非常時である。毎日状況が変化している（たとえば，3月31日現在で新型コロナウイルスの国内累積感染者数が2,230名であるという報告を4月15日に開催される定例会議で報告することのナンセンスさを想像していただけるとわかりやすいかもしれない。ちなみに4月15日の累積感染者数は8,721名である）。

(2) 定例的な報告のための会議はすべて「不要不急」である

(1)で述べたように業務自体が刻刻と変化し，かつそれがリモートワークで行われている中で過去の内容について定期的に報告するための会議はすべて不要不急であると認識しよう。それらはさまざまな社内情報共有サービスを活用して，共有化しておけばよい。

(3) それでも報告会を行う目的

しかし，それでも報告会を行うのであれば，そこで行われるべきは，報告会が行われているその時点の状態および将来の見込みについての議論である。

たとえば，直近で，数件支払猶予の案件があったという報告があれば，すぐにその件数が増加することを想定し，対応を検討することができるであろう。

あくまで先の動きを判断するための報告会と再設定すべきである。

つまり，トリアージのための報告会と位置づけを変えるべきであろう。

2 会議の変化

(1) 時間や会議スタイルの変化

従来のリアルな会議において，仮に1時間設定されていた場合，残り時間があったとしても，なんとなくせっかく集まったのだからといって，特に急を要しない会話がなされることも多かったのではないだろうか。特に出張を伴う会議などにおいては，妙な「おもて

なし」精神から，時間一杯使ってしまうこともあったかもしれない（これは，後述の研修でもいえることである）。

しかし，誰も対面しない参加者全員がそれぞれ会議に入るスタイルに慣れてくると，たとえば途中で退出することにも抵抗感が少なくなるし（内職する者も増えてくるかもしれないが，それはそもそもその会議の内容にこそ問題があると考えるべきである），予定していた時間よりも早く終わった場合は，その終了した時間で終わることも抵抗がなくなってくる。

もちろん，移動時間もないし，紙の資料を配布したり，席順を気にしたりする必要もない（座席順を決めている会議もあるかもしれないが，その時間が全く無意味であったことも表面化する）。

全員が見ている画面で同時に確認事項をメモしておけば，結論や次にやるべきことも明確になり，一石二鳥の効果があると思われる。

(2) 会議に臨む姿勢

これが1番の違いかもしれないが，リアルな会議であれば，無言や考える時間などもそんなに違和感ないかもしれない。また，会議の場に特段準備をしていないメンバーもその会議の場で考えながら参加することも可能であろう。しかし，ウェブ会議においては，無言の時間は違和感しか生まないし（放送事故のような印象を受ける），事前にそれぞれが準備した内容について，議論を交わすという会議スタイルに変化してくる。

単なる報告などを読み上げるというスタイルはウェブ会議ではふさわしくないように思われる。これは，やはり，後記Ⅶで述べるように，リモートワークにおいては，それぞれにおいて流れる時間が異なってくるということからくるものであろう。

(3) 記録方法の変化

参加できなかったメンバーに内容をシェアする際も議事録の作成という手もあるが，録音・録画機能を使えばその必要もなく，参加できなかったメンバーにも時差で内容をシェアできる（テレビなどの見逃し放送のイメージかもしれない）。

会議室の関係で絞られた会議体もウェブならその制約がなくなる。逆に録音・録画機能を使うことにより，情報のシェアも容易になる（つまらない会議なら早送りできることも副次的効果かもしれない）。

3　日本中がオフィスになる，世界中が会議室になる

平時では，法務部門は，社内の各部門あるいは社外の弁護士との打ち合せを行う。社内であれば，事業部門等から，新たな取組みについて，説明がなされ，それに対して法務部門が質問を行う。

そこでもし税務面が課題となれば，経理部門などとの調整も必要になろう。そこで起こることは，次回の打ち合せが再度設定され，事業部門・経理部門・法務部門が一堂に会する場で，また事業部門等から新たな取組みについて説明がなされ，それに対して，経理部門が人件費についての税務面の問題を指摘する。そこで人事部門との調整が必要であることを認識し，次回の打ち合せが再度設定され……。

ここまでのことは少ないだろうが，同じ内容の複数の打ち合せが設定されるなど，階層を上がっていくまでにさまざまな調整的な会議が存在する会社も多いかと思われる。

リモートワーク導入前でもやれたことなのかもしれないが，たとえば Microsoft Teams などであれば，あらかじめ相談窓口をチャネルで設定しておき，そこに相談内容が投稿され，直接説明を受けたほうがよいと判断すれば，その場で会議を設定し，説明を受けることができる。それを見た経理部門が税務問題の観点から把握しておくべきと判断した場合にはその会議に「JOIN」する。

要は，会議というのは，リアルであったためあらかじめ参加者を選定し，時間を調整し，会議室を予約し（会議室が埋まっていて会議ができないという残念な経験をした方も多いかもしれない），アジェンダに従い会議が進んでいく。つまり，出社やその場をリアルに共有するということが前提になっていたのだと思う。

しかし，リモートワークや，在宅勤務は，「家」にいるということだけではない。たとえていうのなら，1,000名以上の全従業員が「大部屋」で仕事をしていて，私が，Aという案件について相談したいという「大声」を上げれば，大部屋中にいる関連部署の担当者が，「大部屋」の端々から，「その件には，税務上の問題があります」「労務面は大丈夫ですね」などと「叫びあい」解決していくという，リアルな世界では実現しないことが，リモートワークや在宅勤務では実現してしまうということである。

オフィスというフロアや机などで「仕切られていた」のが，リモートワークはそれらの物理的制約から我々を解放してくれる。自宅が狭くても日本中が（あるいは世界中が）1つのオフィスになったと考えればよい。これほど広いオフィスがあるだろうか。そこで唯一残るのが，時差，つまり「時間」である。これだけは解決されない問題である（この点は，Ⅶで詳述する）。

Ⅵ　研　修

1　研修は不要不急なのか

Ⅱで述べたとおり，業務の優先順位をつけ

ていく中で，通常優先順位が下げられるのがいわゆる研修・啓発業務である。不要不急であると認識されやすい。

しかしながら，新型コロナウイルス対応が長期間に及ぶことを想定すれば，内容や時間などは変更すべきであるが，すべての研修・啓発を中止することは，逆効果になりかねないことも認識すべきである。

たとえば，今事業継続や感染者対応など法務部門をはじめリスクマネジメント関連のリソースが新型コロナウイルス対応に割かれている中で，平常時に発生するリスク案件（ハラスメントや品質問題など）が発生したらどうなるだろうか。リスクマネジメント関連のリソースを今新型コロナウイルス対応以外に割かれることは，事業継続にも影響を及ぼしかねない。つまり，今他のリスクを発生させるわけにはいかないのである。したがって，必要な研修・啓発活動は，内容の工夫は必要であるが何らかの対応が必要であろう（特に新入社員研修や階層別研修のようなものは従来どおり実施すべきである）。

2　研修のやり方は変えるべき

リモートで研修を実施する場合，従来の対面型の研修について，その時間・内容・資料を全面的に作り変えるべきである。従来の資料のまま，従来の中身を話して，それを録画し配信するというやり方は避けるべきであろう。

法務部門が作りがちな文字ばかりのスライドはリモートでの研修では受講者にはありえないくらい苦痛なものである。

画像や図表，アニメーションや動画などを活用したりするなど，従来にも増してインタラクティブにするなど，工夫したほうがよい。よくある長い前置きの説明も避けるべきい。

である。

たとえば従来1時間かかっていた研修であれば，30分にするにはどうしたらよいかという観点で抜本的に見直し，ポイントを絞ったものに改定すべきである。

座学的な研修を動画で配信するのであれば，15分や30分程度の長さでポイントを絞ったものにして，受講者がいつでも気軽に受講できるようにすることも一考であろう[2]。

事前に課題を出して当日に臨んでもらう形にしてもよいと思われる。

繰り返しになるが，リアルの研修を同一内容で，単に録画して配信するということだけは絶対に避けるべきということである。

Ⅶ　リモートワークを阻害する本当の敵

1　時間の流れ方が異なることを認識すべき

出社を全体とした企業の組織では，たとえば，管理職にそれぞれにメンバーが配置されているレポートラインになっていることも多い。ただ，それはいわゆる製造業や出社して「島」になっている職場を前提としている。リモートワークにおいては，個々人がそれぞれの業務をそれぞれの自宅等で実施する。

その作業としては，Ⅰ1⑴で述べたように，他者の存在を必要としないため，メンバーに流れる時間がそれぞれ異なってくる。たとえば，音楽を聴きながら業務をすることもあるだろうが，それぞれの背後に流れている音楽が違う。クラシックを聴きながら業務をしているメンバーとラップを聞きながらやっているメンバーが並行して業務をしている姿を想像するとわかりやすい。

そのような中でリアルを前提とした業務管理は無理だということを認識すべきである。

2　TEDトークが大体15分程度であるので，参考になると思われる。

また，リアルを前提とした硬直的なレポートラインも無効になってしまうと思われる。

2　従来型組織は平常時の組織

従来の法務部門の組織では，規模の大小にもよるが，メンバー別に部署別や法令別などによって，業務量等を平準化することも考慮の上，担当が明確化され，日常の業務が遂行されていたと思われる。たとえば，誰か特定のメンバーに業務が偏らないようにメンバーごとの担当を決めていることもあっただろう。

たとえば，前年度の契約審査の数や法令相談の数を目安に業務時間を割り出し，メンバーに担当を割り当てていたこともあるかもしれない。

しかし，その組織・担当は，あくまで通常どおり事業が運営されることを前提としていただろうし，またメンバーそれぞれの担当を持つ意味合いも，たとえば若手には未経験分野を経験させるためだったかもしれないし，ベテランにはマネジメントを身につけさせる目的で，若手の指導を中心にさせていたかもしれない。

管理職は，自らは直接契約審査をすることはまれで，資料を作成することも少なかったかもしれない。労務管理・業務管理などのマネジメント業務に注力していたであろう。

しかし，これは，あくまで「平常時」の組織である。今は非常時である。

3　非常時の組織のあり方とは

非常時の組織・業務のやり方は，たとえば新型コロナウイルス対応について，戦争のアナロジー（類推）に基づき，指揮命令系統が明確な，軍隊的な組織形態にすべきという考え方もあるかもしれない。もちろん，全社的な非常事態対応については，事業部門と兵站部門・衛生部門などしっかりとした役割分担

をして進めていくことが望ましいといえる。

つまり，法務部門には，政府はもちろん世の中の状況を分析して，事業部門に対して，新しい社内ルール作りなど事業継続上重要な仕組み作りやさまざまな情報を継続的に送り込むことで支えるという兵站的な側面もある。

しかしながら，一番重要な役割は，現場の状況の変化をいち早く察知して，新しい対策を検討し，総合的に判断し，意思決定していくことであると考える。

つまり，このような状況下では，平時の組織運営では到底打ち勝てないと考える。

さらには，前述のとおり，リモートワーク・在宅勤務という中で，メンバー個々人が違う時間の流れの中で業務を行うことになっていることも考慮に入れなければならない。

対応の大前提として，まずは，管理職とメンバーの間の垣根をなくしていくべきである。

管理職は可能な限り管理的業務は減らしていくべきであろう。そして，自ら手を動かして，今まで以上にメンバーを支えるという姿勢で業務を行っていくべきである。決してJ-POPとラップをそれぞれ奏でるメンバーにクラシックの指揮者として立ち回ってはならない。

この緊急時には，ジャズのアドリブセッションのように仕事をしていく，その中で管理職は自分の得意なピアノやサックスを奏でていく。そんな仕事のやり方がふさわしいのではないかと考えている。

その意味で在宅勤務の業務管理のために毎日業務報告をさせるなどは愚の骨頂だと考える。ジャズのアドリブセッションが終わった後にすぐ楽譜を書かせるバンドマスターに誰が付いていくだろうか。

そして，これをきっかけに真のプロフェッショナルとしての仕事の仕方に変えていかな

けなければならない[3]。もちろん，それにより，今まで仕事ができると思われていたメンバーが実は，仕事ができないことが明らかになったりすることもあるだろう。しかし，それは，後述する「Postコロナ」・「Afterコロナ」時代においては，求められるスキルに変化があるからである。個々人に求められるスキルも変化してくる。

Ⅷ 事業継続のためのリーガルテックの導入を

AIを利用した契約レビューシステムは電子サイン，文書管理などさまざまなリーガルテックサービスが提供されているが，これらは新型コロナウイルス問題以前には，業務改善や効率化といった文脈で語られることが多かったと思われる。

しかし，今や「事業継続」のための必須の武器になっていると考えられる。

電子サインが典型例であるが，ハンコの押印のために従業員を出社させるリスクや，在宅勤務が前提の中で，契約書のダブルチェックに不都合が生じるなどのサポートとしてのAIを利用した契約レビューシステムなど，法務部門の事業継続にはこれらのリーガルテックサービスの導入は必須であろう。

その他のサービスもこれを機に少なくともトライアルは行うべきである。

Ⅸ ルールを変えよう

現在の「Againstコロナ」の時期には，平時の冗長的なルールや決まりごとが上手く作用せず，意思決定の邪魔になることも多い。セキュリティーなども同様である。しかし，

平時に設定されているそれらのルールは，この非常時においても遵守しなければならないルールなのだろうか。

場合によっては，期間を切って改定したらよいし，臨時的な措置を導入してもよいし，その既存のルールがスピーディーな意思決定や，従業員の安全や，事業継続の妨げになってはならない。

たとえば電子サインの導入時において，ベンダーと契約すれば導入ができるのに，社内規程上「文書に捺印する」という文言があるのでその規定を改定しなければならず，その改定には通常1カ月かかるということがあったとする。

その1カ月間従業員をハンコのために出社させるのと，「文書は電子文書も含み，捺印は電子サインも含む」という解釈をして，導入をすぐに行い，適宜社内規程を変更するということと比較して，どちらを取るべきかは自明であろう。後者を取って一体誰が困るのだろうか。

そうした社内の平時を前提としたルールについて，その意味合い，妥当性などを日々検討して，運用ルールを作っていくべきである。また，そこで意味合いが単なる慣習などによる場合については，これを機に廃止してしまえばよいと考える。こういう非常時においては，実は不要だった自然に浮かび上がらせる効果もあるのである。

Ⅹ 「Postコロナ」・「Afterコロナ」時代の法務業務とは

1　コロナ前には戻れない
(1)　本来の姿を取り戻すチャンス
新型コロナウイルスの影響で，たとえば株主総会におけるお土産の中止，株主懇談会の

中止などが行われた。要は，たくさんの株主に来ていただくことが目的であったことから，株主に来ていただくことがリスクになり，すべて逆転したからである。

しかし，これは株主総会の本来の趣旨を再考するきっかけにならないだろうか。お土産だけをもらって株主総会をはしごする株主への対応に従業員や関係者を感染の危険にさらすことは，リスクマネジメントの観点からも今後はありえないことになろう。

可能であれば本年度から，少なくとも，次年度以降はバーチャル株主総会の導入を進めていくべきであろう。そこでよく議論になるのが，デジタル対応していない株主への対応であるが，そもそもリアルで総会を開催していても，開催地が東京なら東京近郊の株主が出席において有利となっているわけで，元々平等ではなかったともいえないだろうか。

本来，株主総会は最高の意思決定機関であることを再認識し，それにふさわしい意思決定機関としての形を模索すべきであろう。会社の業績などの詳細な説明などは，動画の配信や双方向の通信におけるミーティングなどで代替していき，株主総会は法定の報告事項と決議事項が行われる機関としての位置づけを取り戻すべきではないだろうか。

(2) 非接触型社会の出現

新型コロナウイルスやその他の感染症と今後我々は共存していかなければならず，その社会は，物理的に距離をとって生活していく，つまり「非接触型社会」において生活しなければならないことを意味する。

やはり，「SOCIAL DISTANCING（社会的距離）」という言葉は多少誤解を与える用語かもしれない。他人とは「PHYSICAL DISTANCING（身体的距離）」は取るべきだが，テクノロジーを活用し，「心理的距離」などは縮めていくことは十分可能である。

上述のとおり，出社を前提とした業務のやり方は変わっていくし，弁護士事務所に出向いて打ち合せを行うということは，当分の間は実施されない，あるいは避けられることになろう。

そのような中で，「物理的距離」が生み出していたものをどれだけ「心理的距離」を近づけることでカバーできるかを模索していくべきであろう。

さらには，タッチパネルやドアノブなどの手を触れるものは今後さまざまなものに置き換わっていくかもしれない。オフィスや住宅も在宅勤務前提の設計になるであろう。あるいはそもそも東京などの大都市近郊に高い住宅費を支払って居住する必要もなくなるかもしれない。物理的距離が保てる地方に居住して在宅勤務を行ったとしてもアウトプットに差がないとすると，そちらのほうが高い生活水準を保てるかもしれない。教育も急速にリモートが前提になってくるだろうし，法務関連の情報をわざわざ東京のセミナー会場に出席しないでも，ウェブ中継のセミナーや動画配信で全国どこからでも同じレベルの情報に触れることができるようになるだろう（もちろん海外の情報も同じである）。

非接触型社会が今後程度の違いはあれ，実現されていることを見据えて我々は業務を再構築する必要があろう。

2 「Postコロナ」・「Afterコロナ」時代の法務業務のあり方とは

新型コロナウイルスの流行が収束した時代，「Postコロナ」・「Afterコロナ」時代はどのように業務を行っていくべきなのだろうか。

まずは，物理的に対面しなくても業務ができるように今から訓練しておくべきである。

そして，役割，ミッションの明確化と並行して，ラグビー型やジャズセッション型で業

務ができるように，レポートラインや島型を前提とした組織を再構築すべきであろう。

従来型の労務管理手法ではカバーできない仕事の仕方になっていくはずである。また，業務の優先順位づけも大きく変化していくことであろう。今まで以上にアジリティ（敏捷性）を持った変化対応が求められる。

ただ，繰り返しになるが，ルールがないところ，グレーゾーンにルールを作り出すという2019年に経済産業省から公表されたいわゆる「令和報告書」[4]において記載された「クリエーション機能」が今こそ求められていると思われる。

そしてその比率は「Post コロナ」・「After コロナ」時代にこそ高めていくことが求められているのではないだろうか。今，危機であるという理由で従来型のガーディアン的な対応を強化するべきではない。

たとえば社内におけるさまざまな内部統制の観点で設定された細かいルールも柔軟に見直していくべきである。これを機に社内意思決定のスピード化も進めていくべきである。

しかし，同時に我々は，法務の矜持を貫かなければならない。変化をしながら，変えるべきところ変えるべきでないところを見据え，「自然」に課題を浮かび上がらせて，それらの自社あるいは社会の課題を1つひとつ解決していこうという姿勢が「Post コロナ」・「After コロナ」時代にますます重要となってくるのではないか。

ペストの流行時に，疎開したニュートンが万有引力を発見し，流行後にイタリアでルネサンスが生まれたように，「Post コロナ」・「After コロナ」時代には，法務の新たな発見や，法務のルネサンスが生まれることを期待している。

しかし，今は，まだ「With コロナ」「Against コロナ」の時期である。我々法務部門の今の心構えとして，アルベール・カミュの『ペスト』（宮崎嶺雄訳，新潮社，1952）の一節を引用しておきたい。

「今度のことは，ヒロイズムなどという問題じゃないんです。これは誠実さの問題なんです。こんな考え方はあるいは笑われるかもしれませんが，しかしペストと戦う唯一の方法は，誠実さということです。」
「どういうことです，誠実さっていうのは？」と，急に真剣な顔つきになって，ランベールはいった。
「一般にはどういうことか知りませんがね。しかし，僕の場合には，つまり自分の職務を果たすことだと心得ています。」

　　　　　　　　　　　　　　　　　　　　　　　—アルベール・カミュ 「ペスト」

4　経済産業省「国際競争力強化に向けた日本企業の法務機能の在り方研究会　報告書〜令和時代に必要な法務機能・法務人材とは〜」（令和元年11月19日）

第2章

具体的なケースにみる
契約業務に係る留意点

長島・大野・常松法律事務所
弁護士 松尾博憲／弁護士 池田直樹

新型コロナウイルス感染症の蔓延に伴い，契約上の債務が履行できない，契約書の押印手続ができない，契約上必要とされる書面を送付できない等，契約上のさまざまな問題が生じうる。本章では，契約の内容にかかわる問題と手続にかかわる問題それぞれについて，具体的なケースを題材に検討を行い，対応のポイントを紹介する。

I はじめに

新型コロナウイルス感染症の蔓延に伴い，新型インフルエンザ等対策特別措置法（平成24年法律31号。以下「特措法」という）32条1項に基づく緊急事態宣言[1]や同法45条1項に基づく都道府県知事による外出自粛要請がなされており，企業活動に対しても（一部の企業を除き）事業停止，出勤時間の柔軟化，在宅勤務制の推進等の要請がなされている。

かかる要請を踏まえた事業停止・縮小により当初想定されていたフローに従った事業活動ができないことや，銀行業務や運送業務等のインフラ事業に影響が生じた場合に金銭の送金や物の輸送が滞ることにより，事業者は債務不履行責任を負う可能性が生じる。また，特措法24条9項に基づく商業施設等に対する休業要請が出されたことにより，テナントの賃料の減免や開催予定だったイベントの中止に伴う返金の要否が問題となる。

さらに，全従業員を在宅勤務とすれば，契約の締結に係る押印手続や書面の授受をはじめとする手続上の問題も生じうる。

そこで，本章では，新型コロナウイルス感染症の蔓延により生じる契約上の諸問題について検討を行う。なお，本稿のうち意見にわたる部分は，筆者らの個人的見解であり，筆者らの所属する法律事務所の見解を述べたものではないことに留意いただきたい。また，本章は，2020年4月末日時点の情報に基づいて執筆している。

II 各契約の内容に関する諸問題

本IIでは，企業が締結する代表的な契約類型ごとに，想定される法律問題をピックアップして検討を行う。かかる検討は既存の契約における問題点だけでなく，将来契約を締結する際の留意点を把握するうえでも非常に有益である。なお，令和2年3月31日までに締結された契約に関しては，原則として，引き続き旧民法（いわゆる債権法改正前の民法）が適用されることから（民法の一部を改正する法律（平成29年法律44号。以下「民法改正法」という）附則17条1項，32条，34条1項等），検討を行うにあたっては，対象とする契約に

---

1 新型インフルエンザ等対策特別措置法の一部を改正する法律（令和2年法律4号）により特措法に附則1条の2が追加され，新型コロナウイルス感染症についても，令和3年1月31日までの期間に限り，特措法2条1号に規定する新型インフルエンザ等とみなして同法を適用することとされている。

現行民法と旧民法のいずれが適用されるのかという点に留意する必要がある。

1 売買契約

(1) 目的物を引き渡すことができない場合

【ケース①－1】

> 民法改正法の施行日（令和2年4月1日）前に締結された売買契約に基づき目的物を引き渡そうとしたが，新型コロナウイルス感染症の蔓延に伴い目的物を期限内に引き渡すことができなくなってしまった。この場合に，売主は，買主に対して債務不履行責任を負う可能性があるか。

(ア) 問題の所在

目的物を契約上定められた期限までに引き渡すことができなければ，買主は売主に対して債務不履行に基づく損害賠償請求をするか，売買契約を解除することが考えられる。

本ケースにおける債務不履行責任および契約の解除に関しては旧民法が適用されるところ（民法改正法附則17条1項，32条），旧民法上，債務者に対して債務不履行に基づく損害賠償請求および契約の解除をする場合には，債務者に帰責事由があることが必要と解されている（同法415条，541条および543条）。帰責事由の有無の解釈については，議論があるが，不可抗力に起因する債務不履行（金銭債務を除く）については，債務者に帰責事由がないとして免責されるという点は争いがないと言ってよい。

(イ) 不可抗力該当性

では，新型コロナウイルス感染症（の蔓延）は不可抗力に該当し，売主には帰責事由

がないとして免責されるのか。不可抗力とは，一般に，「外部から発生した事実で，取引上あるいは社会通念上普通に要求される一切の注意や予防方法を講じても，損害を防止できないもの」と定義されている[2]。代表例として地震や洪水等の天災，戦争，騒乱等が挙げられるが，地震等によって生じた債務不履行がすべてただちに免責されるわけではないだろう。たとえば，地震により目的物の調達が遅れたとしても，当初想定されていた仕入先とは別の仕入先に依頼すれば予定どおりに引き渡すことができるような場合で，別の仕入先への依頼が容易なときには，免責されないこともありうると考えられる。このような不可抗力の定義からすると，少なくとも，予見可能性がなく，結果回避が不可能であることが必要であると考えられるからである[3]。すなわち，免責されるか否かは，地震等の規模，債務者が直接に受けた被害の有無，地震と債務不履行との関係の程度，回避措置の十分性等の事情を勘案したうえで決せられると考えられる[4]。そのため，新型コロナウイルス感染症（の蔓延）が不可抗力に該当するかという点については，新型コロナウイルス感染症（の蔓延）によって実際に生じた債務不履行の具体的な事情を踏まえて判断することになる。

新型コロナウイルス感染症（の蔓延）それ自体を予見することは困難であるとしても，過去の重症急性呼吸器症候群（SARS）や新型インフルエンザの蔓延を踏まえると，新たな感染症の蔓延により，従業員が感染する等して自社の事業継続に支障が生ずるリスクや取引先からの納品が遅延するリスク等，予見

---

2 高橋和之ほか編集代表『法律学小辞典［第5版］』（有斐閣，2016）1123頁。

3 森田宏樹『契約責任の帰責構造』（有斐閣，2002）49頁は，不可抗力を「何人も予見も回避もし難い事情」と定義している。また，東京地判平11．6．22判タ1008号288頁は，阪神淡路大震災によって倉庫内の化学薬品が荷崩れを起こすなどして火災となり貨物が消失したことについて倉庫会社等の不法行為責任および債務不履行責任が問われた事案で，結果回避義務と予見可能性の有無を検討したうえで，この規模の地震が発生することについて予見可能性がないとして責任を否定しているが，同判例が不可抗力該当性の判断において参考になるとする見解がある（中野明安「新型インフルエンザと法的リスクマネジメント―企業における対策ポイントと法律実務家の役割」NBL899号19頁）。

4 荒井正児「震災と契約法務」ジュリスト1497号45頁。

しうるリスクは少なくなく，企業としては，そのようなリスクへの対応策を事前に講じることが必要であると考えられる。そのため，感染症対策の事業継続計画を策定し，一定のバックアッププラン等を準備していたにもかかわらず，新型コロナウイルス感染症の蔓延がこれまでの他の感染症の蔓延と比較して想定外の規模になったために事業継続が困難となって債務の履行が遅延したという場合であれば，不可抗力に起因する債務不履行として，免責が認められる可能性がありうる。

(ウ)　不可抗力条項が設けられている場合

また，契約書の中には，一定の事由を不可抗力事由として列挙したうえで，それらの事由による債務不履行については債務者が責任を負わない旨を定める不可抗力条項が置かれることがある。この場合には，まず，当該条項において列挙されている不可抗力事由の中に，新型コロナウイルス感染症（の蔓延）が含まれるか否かが問題となる。たとえば，「感染症」，「疫病」が列挙されている場合には，不可抗力事由に含まれると考えてよい場合が多いであろう。ただし，仮に新型コロナウイルス感染症（の蔓延）が当該契約における不可抗力事由に含まれる場合でも，ただちに免責の対象になるものではないことに留意が必要である。たとえば，不可抗力事由による債務の不履行が生じたときに，相手方当事者に対して通知し，その不履行を解消しまたは影響を最小化するために合理的な努力をしなければならず，それでも一定期間内に不履行を解消しえない場合にはじめて免責される旨の規定が置かれることがある[5]。このような場合には，新型コロナウイルス感染症（の

蔓延）の不可抗力事由該当性の検討に加えて，債務者が不履行の解消または影響の最小化のための合理的努力を行ったか否かという点を別途検討する必要がある。

(エ)　現行民法が適用される場合

【ケース①－2】

> ケース①－1において，売買契約の締結が民法改正法の施行日以降の場合はどうか。

この場合における債務不履行責任および契約の解除に関しては，現行民法が適用される。現行民法のもとでは，債務不履行による損害賠償について債務者の帰責事由が必要とされている点は変わらないが，契約の解除については債務者の帰責事由が不要とされている（同法541条，542条）。

その結果，現行民法のもとでは，売主による引渡しの遅延が不可抗力によるものであったとしても，買主は売買契約を解除できることになる。もっとも，債務不履行が不可抗力に起因する場合には，催告解除における「相当の期間」の解釈を通じて，適切な利益衡量が図られる余地が残されていると考えられる[6]。

(2)　売買代金の支払ができない場合

【ケース②】

> 売買契約の買主が，新型コロナウイルス感染症の蔓延に伴い売主に売買代金を支払うことができなくなってしまった。この場合に，買主は債務不履行責任を負うか。

(ア)　問題の所在

本ケースもケース①－1と同様に，売主は債務不履行に基づく損害賠償請求をするか，

5　英文契約においては本文に記載したような詳細な規定を設けることが少なくない。日本法準拠の和文の契約では，列挙された不可抗力事由による債務の不履行について責任を負わない旨だけが定められるものが多いが，このような定めがある場合であっても，不履行を容易に解消できるにもかかわらず何らの努力も行っていないようなケースまで一律に免責されるのは不合理であろう。このような場合も，具体的な事情を勘案したうえで不可抗力該当性を判断することにより，免責されるか否かが決せられると考えられる。

6　現行民法のもとで，催告要件を通じて債務者の利益（追完の機会）が考慮されるとする見解として，潮見佳男『新債権総論Ⅰ』（信山社，2017）571頁，事業再生研究機構編『新しい契約解除法制と倒産・再生手続』（商事法務，2019）219頁［加毛明］。

売買契約を解除することが考えられる。

ケース①－1および①－2と異なる点は，金銭債務の債務不履行については不可抗力を理由に免責されないと定められている点である（民法419条3項）。したがって民法のルールによれば，買主は免責されないことになるため，契約中の条項により支払義務を免れるかについて検討することになる[7]。

(イ) 契約上の対応①（送金不能に係る前提条件）

たとえば，売買代金の支払方法が銀行振込によるものとされている場合に，「電気，通信又は各種決済システムの不通又は障害が生じ，買主による売買代金の支払が不可能又は困難となる事態が生じていないこと」を売買代金の支払の前提条件とすることがある。たとえば，新型コロナウイルス感染症の蔓延に伴う広範囲にわたる出勤停止・建物や施設の閉鎖等の措置により大規模なシステムの不通・障害が生じているような場合であれば，この前提条件を充足しないこともありうるように思われる。

(ウ) 契約上の対応②（MAC条項）

株式譲渡契約においては，契約締結時から取引実行時までの間に期間が空くことが通常であり，この期間に対象会社の企業価値が大きく下落するリスクに備えて，取引実行時までに「対象会社の運営，資産若しくは財務状況，経営成績又は将来の収益見込みに重大な悪影響を及ぼす，又は合理的に及ぼし得る事項」（いわゆるMAC）が発生していないことを株式の引渡しおよび売買代金の支払の前提条件とすることがある（いわゆるMAC条項）。

新型コロナウイルス感染症（の蔓延）によって対象会社の経営状況が悪化した場合には，買主はMAC条項を理由として売買代金の支払を拒むことも考えられるが，その該当性の判断は容易でなく，当事者間で認識の齟齬が生じやすいため[8]，慎重な検討が必要である。下級審裁判例には，社会的な市況の下落等，対象会社の資産に固有に生じるものではない一般的普遍的な事象については，MACに係る表明保証の対象となるものではないと判断したものがある[9]。当該裁判例の立場によれば，新型コロナウイルス感染症（の蔓延）に伴う経営不振等については，MACに該当しないと判断される可能性が高いであろう。

(3) 目的物の受領を拒む場合
【ケース③】

> 売主は，売買契約に基づき目的物について履行の提供をした。買主は，あるイベントに使用するために目的物を購入したが，当該イベントを中止したため受領を拒否したいと考えている。買主は，受領を拒否することができるか。また，買主が受領を拒否することができない場合には，売主に対してどのような責任を負うか。

(ア) 事情変更の原則

本ケースの場合には，買主としては，契約締結時には予見することができなかった事情が生じたとして，いわゆる事情変更の原則により売買契約を解除することが考えられる。

7　なお，特措法58条1項は，内閣が一定の要件のもとで金銭債務の支払の延期および権利の保存期間の延長に必要な措置を講ずるための政令を定めることができる旨を定めており，今後，このような政令が定められると，金銭債務の履行期に弁済することができなくても，債務者が責任を負わないことがありうる。

8　本文に記載した問題点があるものの，金額基準等の指標を設ける等の具体化は行わないのが通常である。この点について，(i)MACの定義に該当しうる事象はさまざまであり，また，生じうる影響もさまざまであることから，ある確定した基準を，当事者双方が合理的に納得できる形で示すことは困難であること，(ii)当事者の意識としても，明確な基準をもって確実に取引実行を拒否する権利を持ちたいというよりは，万が一の事象が生じた場合に，MACへの該当性を議論することで，再交渉のテーブルにつくことを目的としているという側面があることによる，との分析がなされている（滝川佳代編著『M&Aリスク管理の最前線―国内外の最新実務』（商事法務，2018）66頁以下。）。

9　東京地判平22.3.8判時2089号143頁。

学説上，事情変更の原則が認められる類型として，(i)「等価関係の破壊」(たとえば，戦後のインフレ期に地価が高騰した場合)，(ii)「経済的不能」(たとえば，戦争や大災害の発生により当事者の一方にとって，債務の履行が経済的にみて著しく困難となった場合)，(iii)「契約目的の到達不能」(契約目的を達成できないため相手方当事者からの給付を受けても意味がない場合)があるとしている[10]。最高裁は事情変更の原則の存在を認めているが[11]，その適用を認めた例はない[12]。

本ケースは(iii)の類型に該当するかが問題となる。(iii)の「契約目的」とは，一般に，当事者の一方的な主観的意思ではなく，かつ，当事者双方が合意した契約の内容等になっているものではないが，契約の基礎となる事情となっているものと解されている。たとえば，当該イベント名が記載された看板等，当該イベントのために使用する目的物であることが客観的にも明らかであるような場合であれば当該類型に該当しうると考えられるが[13]，事情変更の原則による解除が認められるためには，さらに，契約目的を達成できなくなるような事態の発生を当事者が予見できなかったことが必要と解されているため[14]，当事者に予見可能性があったと言えるかどうかが次に問題となる。しかし，判例上，事情変更の原則の要件としての予見可能性がないと認定されるハードルは極めて高く，前掲注11は，ゴルフ場ののり面が崩壊した事案であったが，「自然の地形に手を加えて建設されたかかる施設は，自然現象によるものであると人為的原因によるものであるとを問わず，将来にわたり災害の生ずる可能性を否定することはで

きず，これらの危険に対して防災措置を講ずべき必要の生ずることも全く予見し得ない事柄とはいえない」としており，旧民法416条2項において特別損害の要件とされる予見可能性とは質的に大きく異なるものとされている[15]。そもそも，予見可能性の対象が，事情の変更そのもの（イベントの中止）か，事情の変更の原因である事由（新型コロナウイルス感染症（の蔓延））かという点も議論がなされているが，新型コロナウイルス感染症（の蔓延）そのものでなくとも，何らかの感染症の蔓延が原因でイベントを中止することについては，少なくとも予見可能であったと判断される可能性が高く，事情変更の原則による解除は認められにくいだろう。

(イ) 目的物の受領拒否の効果

買主が契約を解除することができなければ，目的物の受領を拒否することにより，受領遅滞の問題が生ずる。現行民法上，買主が目的物の受領を拒絶した場合または受領できない場合には，(i)売主は，履行の提供をした時からその引渡しをするまで，自己の財産に対するのと同一の注意をもってその物を保存すれば足りることとされ，(ii)買主が受領しないまたはできないことにより売主に追加で発生した費用は買主の負担とされ，(iii)目的物の危険は買主に移転することとされており（同法413条1項・2項，413条の2第2項，567条2項），上記の効果については旧民法においても解釈上認められている（同法413条，492条，575条）。事情変更の原則に基づく売買契約の解除が認められない場合には，上記(i)から(iii)の効果が生じることになる。これらの効果が生じるためには買主の帰責事由が必要かとい

10　法制審議会民法（債権関係）部会資料「民法（債権関係）の改正に関する要綱案の取りまとめに向けた検討(2)」（平成25年7月）3頁以下，山本敬三『民法講義IV－1』（有斐閣，2005）104頁参照。
11　最判平9．7．1民集51巻6号2452頁等。
12　中田裕康『契約法』（有斐閣，2017）43頁参照。
13　債務の内容の認定によっては，履行不能を理由に契約を解除できる場合もありうる。
14　山本・前掲注10・113頁。
15　野山宏「判解」（『最高裁判所判例解説民事篇平成9年度（中）』）（法曹会，2000）817頁。

う点については解釈に委ねられているが，民法改正法の立案担当者は，帰責事由を不要とする立場のようである[16]。

さらに，売主は受領遅滞を理由とする損害賠償請求または売買契約の解除ができるかという点も問題になるが[17]，本ケースの場合，買主は売買代金の支払も拒絶しているのが通常であるから，売買代金支払債務の不履行に基づく損害賠償請求または売買契約の解除をすれば足りるであろう[18]。

結局のところ，買主より全部または一部の合意解約や代金減額等の要請がなされ，かかる要請について当事者間で協議を行うことが現実的な対応ではないかと思われる。

2 請負契約

(1) 期限までに仕事を完成させることができない場合①（政府等の要請による現場閉鎖）

【ケース④－1】

> 発注者は請負人との間で建物の建設に係る請負契約を締結したが，政府や都道府県知事からの要請[19]を受けて請負人が現場を閉鎖したため，請負人は当該建物を期限までに完成させることができなかった。この場合に，発注者は，請負人に対してどのような請求ができるか。

(ア) 問題の所在

この場合も，売買契約の場合（ケース①－1）と同様に，発注者は債務不履行に基づく損害賠償請求をするか，請負契約を解除することが考えられる。請負人としては，(i)帰責事由の不存在を理由として免責されないか，または(ii)不可抗力条項等により契約上免責さ

れないかを検討することになる[20]。

(イ) 不可抗力該当性

民間の建築請負契約においては，民間（七会）連合協定工事請負契約約款（従前の民間（旧四会）連合協定工事請負契約約款）が用いられることが多いが，同約款28条6項は，受注者は「不可抗力……その他正当な理由があるときは……必要と認められる工期の延長を請求することができる」と規定し，32条1項dは，「不可抗力のため，受注者が施工できないとき」は，受注者は一定の手続を行うことにより工事を中止することができると規定する。また，国土交通省が公表する民間建設工事標準請負契約約款も不可抗力等を理由として，請負人が工期の延長を請求することができると規定する。これらの規定に基づき，工期の延長または工事の中止ができれば，請負人は，当該建物を（延長前の）期限までに完成させることができなかったとしても，債務不履行責任を負わないことになる。

上記各規定中の「不可抗力」は，「天災その他自然的又は人為的な事象であって，発注者と受注者のいずれの責めにも帰することのできない事由」と定義されている（民間（七会）連合協定工事請負契約約款21条1項）。新型コロナウイルス感染症（の蔓延）は少なくとも「自然的……な事象」に該当すると考えられるため，「発注者と受注者のいずれの責めにも帰することのできない事由」に該当するかが問題となるが，政府や都道府県知事からの要請が任意の協力を求めるものにすぎず，これに応じることについて法的な義務が

---

16 筒井健夫＝村松秀樹編著『一問一答 民法（債権関係）改正』（商事法務，2018）73頁。

17 学説上議論の存するところである（議論の概要については，中田裕康『債権総論［第3版］』（岩波書店，2013）193頁以下等を参照）。最高裁は，基本的に買主の受領遅滞を理由とする損害賠償や解除を認めない立場を採っていると考えられているが（最判昭40.12.3民集19巻9号2090頁），信義則を根拠に目的物の受領義務を認め，損害賠償を認めた例もある（最判昭46.12.16民集25巻9号1472頁）。

18 下請代金支払遅延等防止法が適用される取引においては，下請事業者の責めに帰すべき理由がないのに，下請事業者の給付の受領を拒むことが禁止されていることにも留意する必要がある（同法4条1項1号）。

19 公共工事に関するものではあるが，国土交通省「施工中の工事における新型コロナウイルス感染症の罹患に伴う対応等の解釈等について」（令和2年3月19日）。

20 なお，民法改正法の施行日以降に締結された請負契約の場合には現行民法が適用され，債務者の帰責事由がない場合であっても，発注者は債務不履行を理由として請負契約を解除することができる点は，売買契約と同様である。

ない場合には，かかる要請に従うことをもって必ず不可抗力であったと判断されるわけではないであろう。新型コロナウイルス感染症の蔓延の規模やこれによってもたらされる社会への影響，工事の内容，必要とされる労力・資材等の調達可能性およびその容易性等を考慮して，個別具体的に判断されるものと思われるが，特に要請の内容や法的根拠の有無が重要であろう。

　たとえば，感染症の予防及び感染症の患者に対する医療に関する法律（平成10年法律114号。以下「感染症法」という）32条１項[21]に基づく都道府県知事の建物への立入りの制限または禁止に係る命令に従ったために建設が遅延したような場合には，かかる命令に違反すると刑事罰が科されるため[22]，それに従って建設が遅延したとしても，基本的には，上記「不可抗力」に該当するものとして請負人は工期の延長または工事の中止を行うことを通じて免責されると考えられる[23]。

(2)　期限までに仕事を完成させることができない場合②（作業員の罹患）

【ケース④－2】

> 作業現場における請負人の複数の作業員が新型コロナウイルス感染症に罹患し，蔓延防止のために工事現場を閉鎖せざるを得なくなったことが理由で，請負人が建物を期限までに完成させることができなかった場合はどうか。

(ア)　不可抗力該当性

　この場合も，問題の所在とその判断枠組みは，ケース④－1の場合と同様であるが，請負人側の事情によって遅延が生じている点に

ケース④－1との違いがある。

　民間（七会）連合協定工事請負契約約款に基づき締結された建築請負契約においては，ケース④－1と同様に，同約款における「不可抗力」の定義のうち「発注者と受注者のいずれの責めにも帰することのできない事由」に該当するかが問題となる。ここでも，新型コロナウイルス感染症の蔓延の規模やこれによってもたらされる社会への影響，工事の内容等を考慮したうえで，個別具体的に判断されるものと考えられるが，特に回避措置の十分性の有無が重要であろう。作業現場の所在する地域において新型コロナウイルス感染症に罹患することを防ぐことが難しい程度に蔓延している状況であれば，不可抗力であったと認定される可能性もあると考えられるが，他方，作業現場における感染防止策が不十分であった結果，当該作業現場で新型コロナウイルス感染症が蔓延したというケースであれば，不可抗力であったと認定されないこともありうると考えられる[24]。

(イ)　その他の考慮要素

　また，ケース④－2においては，請負人が従業員に対して負担する安全配慮義務の観点から，工事を中断することが求められることもある。請負人は請負契約に基づく仕事完成義務を負うのと同時に従業員に対して安全配慮義務を負っているところ，安全配慮義務が従業員の生命・身体にかかわる義務であることを踏まえると，一方の義務を履行すれば他方の義務を履行できないという関係にある場合には，財産上の義務である仕事完成義務に優先して工事の中断・現場の閉鎖を実施することはやむを得ない措置として免責される場

21　都道府県知事は，一定の感染症の病原体に汚染され，または汚染された疑いがある建物について，当該感染症の蔓延を防止するため必要があると認める場合であって，消毒によりがたいときは，一定期間当該建物への立入りを制限し，または禁止することができるとされている。

22　感染症法32条の都道府県知事の命令に従わない者には，50万円以下の罰金が科される（同法77条５号）。

23　このような場合には，本文に記載したような条項がないケースにおいても，請負人には（債務不履行責任における）帰責事由がないとして，免責されると考えられる。

24　なお，国土交通省・前掲注19では，公共工事においては，今回の新型コロナウイルス感染症の影響に伴う資機材等の調達困難や感染者の発生等について，原則として，不可抗力に該当すると解するとしている。

合もありうると考えられる。

　他方，政府は，公共工事や製造業のうち，設備の特性上生産停止が困難なもの（高炉や半導体工場など）・社会基盤の維持等に不可欠なもの（サプライチェーン上の重要物を含む）を製造している者等一定の事業者に対しては，事業を継続するよう要請しており[25]，これらの業種に係る請負契約についてはその事業の性質上継続されることが期待されている。このことは上記(ア)で検討した建築請負契約中の不可抗力該当性とは別の観点から検討を要する問題であると思われるものの，実際に工事の中断を検討する際には留意すべき問題であろう。

(3)　請負人に請負代金の支払ができない場合
　発注者が請負代金を支払うことができない場合における問題の所在および判断枠組みについては，売買契約（ケース②）の場合と同様である。なお，下請代金支払遅延等防止法が適用される取引においては，契約上定められた支払期日に代金を支払うことができなければ，同法に違反するという問題も生じることになる（同法4条1項2号）。

3　賃貸借契約
(1)　都道府県からの要請でテナントが店舗を閉鎖した場合
【ケース⑤－1】

> 都道府県知事からの休業要請を受けて店舗を閉鎖したテナントが，賃貸人から休業期間中の賃料の支払を請求された。テナントは，賃料の支払を拒むことができるか。

(ア)　問題の所在
　新型コロナウイルス感染症の蔓延防止のため，都道府県知事から飲食店を中心とする店舗等に対して営業自粛の要請がなされているが，テナントがこれに応じて休業する期間中の賃料は発生するか否かが問題となる。

　まずは，契約書においてこのような事態を想定した条項が設けられているかどうかが問題となるが，多くの賃貸借契約ではこのような条項は設けられていないと思われる。この場合には，民法等の解釈によって賃料発生の有無が決せられることになるが，都道府県知事からの休業要請により賃貸物件を貸すことが履行不能（賃借人に賃貸物件を使用収益させることができない状況）になっているかが問題となる。履行不能となっているのであれば，貸すことができていない以上，原則として，賃料は発生しないと考えられる[26,27]。

　なお，民法改正法の施行日以降に締結された賃貸借契約には現行民法，施行日前に締結された賃貸借契約には旧民法が適用されるが，いずれが適用されても考え方は同じである。

(イ)　履行不能
　現行民法において，履行不能とは，「債務の履行が契約その他の債務の発生原因及び取引上の社会通念に照らして不能である」ことをいうとされる（同法412条の2第1項）。「不能」には物理的に不能のみならず，法律的な不能も含まれ[28]，不能か否かの判断において

25　新型コロナウイルス感染症対策本部「新型コロナウイルス感染症対策の基本的対処方針」（令和2年3月28日）25頁以下参照。
26　中田・前掲注12・165頁。なお，履行不能時の賃料不発生の根拠を危険負担（民法536条1項）に求める見解もある。
27　このほか，民法611条1項を根拠に賃料が減額されるという見解もありうる。この見解によれば，減額の可否の判断において「減失」の解釈が問題となると考えられる。もっとも，下級審裁判例（神戸地判平10.9.24（LLI/DB判例秘書 判例番号L05350680））では，阪神淡路大震災でライフラインが断絶していたために一時的に使用不能となっていた期間の賃料が問題になった事案で，建物の一部が滅失していないことを理由に旧民法611条1項の適用を否定したうえで，同法536条1項を類推適用して，上下水道およびガスが使用不能であった期間について，7割の賃料減額を認めた。また，東日本大震災により福島第一原発から放射性物質が放出される事故によって立入禁止区域に指定された建物の使用不能につき，札幌地判平28.3.18判時2320号103頁は，旧民法536条1項を適用して，賃料は発生しないと判断した。
28　中田・前掲注17・107頁。

は契約その他の債務の発生原因および取引上の社会通念が考慮される。上記の定義およびその解釈は，旧民法下における一般的な見解と同様である。

本ケースのような場合に貸すことが不能になっているか否かは，都道府県からの要請の法律上の根拠やその内容，当該地域における新型コロナウイルス感染症の蔓延状況，物件の種類（使用目的）等を総合的に勘案して決せられることになる。たとえば，都道府県知事による一部の業種に対する法律に基づかない休業要請のように，法律上の根拠を有しない要請の段階であれば履行不能とは判断されにくいと考えられる。もっとも，当該地域で新型コロナウイルス感染症が急速に蔓延しており，人の集まりやすい施設等の閉鎖の必要性が高く，同業の店舗も休業しているような事情があれば，商業施設としての使用収益が不能になっているとして，履行不能を肯定する方向の事情として考慮されることになるだろう。特措法24条9項および45条2項に基づく都道府県知事からの休業要請のように，法律上の根拠はあるがこれに応じることについて法的な義務がない場合には，要請の内容やテナントの業態等を踏まえ，慎重に検討する必要があるだろう。他方で，感染症法32条に基づいて建物の立入りが禁止されたことに伴い休業するケースでは[29]，履行不能と認定されることになるだろう。

(2) テナントから賃料減額請求を受けた場合

【ケース⑤−2】

> 新型コロナウイルス感染症の蔓延により，売上が激減したテナントから賃料減額請求を受けた。賃貸人は，減額に応じなければならないか。

(ア) 問題の所在

新型コロナウイルス感染症の蔓延による外出の自粛や海外からの入国制限などの影響で，商業施設やホテルの売上が激減したことにより，従前どおりの賃料の支払が負担となり，賃貸人に対して賃料の減額を求める例が見られる[30]。このような賃料の減額の請求に関する法律上の根拠としては，借地借家法32条1項に基づく賃料減額請求が考えられる。

(イ) 賃料減額請求

借地借家法32条1項は，「建物の借賃が，土地若しくは建物に対する租税その他の負担の増減により，土地若しくは建物の価格の上昇若しくは低下その他の経済事情の変動により，又は近傍同種の建物の借賃に比較して不相当となったとき」に，賃料の減額を請求することができると規定する。同項は「租税その他の負担の増減」や「経済事情の変動」があったことを要件とするが，これは賃料が不相当となる理由の例示であるとする見解が有力である[31]。もっとも，賃料減額請求は，将来に向かって（新たな賃料改定の合意や賃料増減額請求がなされるまで）恒久的に賃料を変動させる制度であるところ，新型コロナウイルス感染症（の蔓延）およびこれによる臨時休館が商業用物件の貸室の利用価値に与える影響があくまで一時的なものにとどまる限り，それによってただちに現在の賃料が「不相当」と言えるほどに相当賃料が下落するということは考えにくい[32]。結局，新型コロナウイルス感染症の蔓延によって一時的に当該テナントの売上が下がったということのみならず，経済状況等に照らして現在の賃料が「不相当」となったという事情がなければ，賃料減額請求は認められにくいであろう。

29　前掲注22参照。
30　日本経済新聞令和2年4月14日付朝刊3面等。
31　稲本洋之助＝澤野順彦編『コンメンタール借地借家法［第4版］』（日本評論社，2019）268頁。
32　不相当と言えるかは，従前の家賃を維持することが公平か否かという見地から判断するとの見解が有力である（稲本＝澤野編・前掲注31・269頁）。

（ウ）　その他の問題

　テナントが賃料を支払うことができず物件から退去されてしまうと，代わりのテナントを探すのに時間がかかり，結果として，物件の価値が下落することも考えられる。当該物件を賃貸人や投資家のために管理するアセット・マネージャーとしては，当該物件の管理に係る委任契約（アセット・マネジメント契約）に基づく善管注意義務の観点から，むしろ，一定の期間の賃料の減免に応じることを検討すべき場合もあると考えられる。

　また，国土交通省より令和2年3月31日付けで，飲食店をはじめとするテナントに不動産を賃貸する事業を営む事業者に対して，新型コロナウイルス感染症の影響により賃料の支払が困難な事情があるテナントに対しては，その置かれた状況に配慮し，賃料の支払の猶予に応じるなど，柔軟な措置の実施を検討する旨の要請が発出されている[33]。国や地方自治体からの要請も踏まえて賃料の減免に応じる場合には，その減免額が合理的である限り，アセット・マネージャーが善管注意義務違反を問われるリスクは低いと考えられる。

4　消費者契約

（1）　イベントの中止による返金の可否

【ケース⑥－1】

> 　あるイベントが新型コロナウイルス感染症の蔓延を受けて中止されることになった。約款には，イベントが中止になった場合には，一切代金を返金しない旨の条項（以下「本件条項①」という）があった。参加者から代金の返金請求を受けたが，主催者は，本件条項①を根拠に，返金を拒むことができるか。

（ア）　問題の所在

　新型コロナウイルス感染症の蔓延を受けて，感染防止の観点から，大人数が密集するリスクがあるイベントの多くが中止となっている。イベントの開催者は，参加者に対する安全配慮義務を負うと考えられるため[34]，新型コロナウイルス感染症が蔓延している状況下では，イベントを中止するという判断をせざるをえないことが想定される。この場合に，参加者が代金や参加費の返金を求めることができるかどうかは，イベント中止時の代金等の取扱いについて約款や規約にどのような定めを設けていたかによって判断されることになる。本件条項①のような条項を設けることも少なくないようであるが，本件条項①の有効性が不当条項規制（現行民法548条の2第2項，消費者契約法10条）との関係で問題となる。なお，現行民法548条の2第2項は，民法改正法の施行日前に締結された契約に係る条項の効力を否定するものではないと解されるので（民法改正法附則33条1項ただし書）[35]，本稿では，消費者契約法10条による不当条項規制との関係についてのみ検討する。

（イ）　不当条項規制（消費者契約法10条）

　消費者契約法10条は，(i)消費者の不作為をもって当該消費者が新たな消費者契約の申込みまたはその承諾の意思表示をしたものとみなす条項その他の法令中の公の秩序に関しない規定の適用による場合に比して消費者の権利を制限または消費者の義務を加重する消費者契約の条項であって，(ii)信義則（民法1条2項）に反して消費者の利益を一方的に害するものは，無効である旨を定める。

　(i)の要件は，任意規定（一般的な法理等を含むと解されている[36]）が適用される場合に比して，消費者の権利を制限し，または義務を

33　http://www.mlit.go.jp/report/press/totikensangyo16_hh_000201.html.
34　神戸地判平17.6.28判時1906号73頁。
35　村松秀樹＝松尾博憲『定型約款の実務Q&A』（商事法務，2018）144頁。
36　最判平23.7.15民集65巻5号2269頁。

加重する条項であることを要件とするものであるが，主催者側の責めに帰することができない事由によりイベント等が開催されない場合には，代金は発生しないのが原則であるため（民法536条1項），本件条項①は(i)の要件を充足すると考えられる。

(ii)の要件について，判例[37]は，「当該条項が信義則に反して消費者の利益を一方的に害するものであるか否かは，消費者契約法の趣旨，目的（同法1条参照）に照らし，当該条項の性質，契約が成立するに至った経緯，消費者と事業者との間に存する情報の質及び量並びに交渉力の格差その他諸般の事情を総合考量して判断されるべきである」としており，具体的には，当該条項によって消費者が受ける不利益がどの程度のものか，契約締結時に当該条項の内容を十分に説明していたか等の事情も考慮して判断されるとしている[38]。支払済みの代金の返金を受けられないことによる消費者の不利益は小さくないものの，イベントの主催者側としては，イベントの準備のために要した費用の支払が必要であることを考慮すると，本件条項①を設けることについての合理的な理由はあると言えるだろう。また，返金されない場合が主催者側の責めに帰することができない事由によるイベントの中止に限定されているような場合には，本件条項①のような条項を設ける目的も不当とは言いがたい。本件条項①の有効性の判断においては当該取引におけるその他の個別の事情も勘案したうえで決せられることになるが，以上のような事情が認められる場合には，本件条項①の有効性が認められることが多いと考えてよいのではないだろうか。

(2) 消費者側のキャンセルによるキャンセル料の支払請求の可否

【ケース⑥－2】

> あるイベントに参加する予定だった者が，新型コロナウイルス感染症の蔓延を受けて感染防止のために参加を取りやめることにした。約款には，参加者がイベントの参加をキャンセルする場合には，一定のキャンセル料を支払わなければならない旨の特約（以下「本件条項②」という）があった。参加者からキャンセルの申出を受けた場合に，主催者はキャンセル料の支払を請求することができるか。

(ア) 問題の所在

イベントが開催されるとしても，新型コロナウイルス感染症の感染を防ぐため，参加者が参加をキャンセルすることが想定される。実際，イベント以外にも，旅行に伴うホテルや交通機関の予約等において同様の問題が生じているようである。参加者からのキャンセルについて本件条項②のような条項を設けることも少なくないが，本件条項②の有効性が，消費者契約法9条1号との関係で問題となる。

(イ) 消費者契約法9条1号

消費者契約法9条1号は，消費者契約の解除に伴う損害賠償の額を予定し，または違約金を定める条項であって，これらを合算した額が，当該条項において設定された解除の事由，時期等の区分に応じ，当該消費者契約と同種の消費者契約の解除に伴い当該事業者に生ずべき平均的な損害の額を超えるものについて，その超える部分は無効である旨を定める。この「平均的な損害」とは，同一事業者が締結する多数の同種契約事案について類型的に考察した場合に算定される平均的な損害の額という趣旨であり，当該契約の当事者で

37　前掲注36。
38　消費者庁消費者制度課編『逐条解説消費者契約法［第4版］』（商事法務，2019）296頁。

ある個々の事業者に生じる損害の額について、契約の類型ごとに合理的な算出根拠に基づき算定された平均値でなければならず、当該業種における業界の水準を指すものではないと解されている[39]。このように、本件条項②の有効性については、当該事業者の契約の内容等についての個別の検討を要するものであり、当該業種における業界において標準的な金額であるということから有効性が判断されるわけではないことに留意する必要がある。少なくとも、契約後のキャンセルを防止するために、イベントのキャンセルによって実際に事業者に生ずる損害として想定される額を大幅に超えるようなキャンセル料が設定されている場合には、消費者契約法9条1号との関係を慎重に検討する必要があるだろう。なお、「平均的な損害」の主張立証責任は、消費者側が負うとされている[40]。

(ｳ)　消費者からの解約を禁止する条項

なお、契約の成立後、消費者からの解約を一切禁止する旨の条項が置かれることもある。当該条項は消費者契約法9条1号に抵触するものではないが、同法8条の2または10条によって有効性が判断されることになる。

5　金銭消費貸借契約[41]

(1)　貸付実行前の問題点

【ケース⑦】

借入人は、貸付人との間で金銭消費貸借契約を締結しており、同契約に基づき今後融資を受ける予定である。同契約締結後、新型コロナウイルス感染症の蔓延に伴い業績が悪化することが見込まれるが、新型コロナウイルス感染症の蔓延に関連して、同契約に基づく融資についてどのような法的リスクがあるか。

(ｱ)　問題の所在

金銭消費貸借契約については各金融機関においてひな形が用意されているところであるが、証書貸付は、要物契約（民法587条）として締結されるものが多いため、貸付実行前の段階では、そもそも契約が成立しておらず、金融機関は貸す義務を負わないのが原則である。他方、法人と金融機関との間で締結する金銭消費貸借契約については、日本ローン債権市場協会が公表しているシンジケートローンのひな形を参考に諾成契約として作成されているものも少なくない。後者の場合には、貸付人の貸す義務の有無が問題となるため、本稿においては同協会が公表しているコミットメントライン契約書（JSLA2019年版）（以下「JSLAひな形」という）を中心に検討する。

JSLAひな形6条は、貸付実行日において同条各号に定める条件（貸付実行前提条件）が充足されない場合には貸付人は貸付を実行する義務を負わないこととしている。そこで、本ケースにおいて、当該前提条件が充足されるか否かが問題となる[42]。

(ｲ)　貸付不能事由

JSLAひな形は、貸付実行前提条件の1つとして、貸付人の貸付義務が免除されていないことを掲げているところ（同6条2号）、貸付人について貸付不能事由が発生した場合には、一定の手続を経ることにより貸付義務が免除されることとされている（同9条1

39　消費者庁消費者制度課編・前掲注38・277頁。

40　最判平18.11.27民集60巻9号3437頁。

41　貸金債権の回収については第7章に譲り、ここでは金銭消費貸借契約におけるその他の問題について検討する。

42　なお、金融庁は、金融機関に対し「事業者からの経営の維持継続に必要な資金の借入の申込みや、顧客からの貸付条件の変更等の申込みがあった場合には、適切な対応に努めること」を要請している（金融庁「新型コロナウイルス感染症の発生を踏まえた対応について（要請）」（令和2年2月7日）、同「『新型コロナウイルス感染症緊急経済対策』を踏まえた資金繰り支援について（要請）」（令和2年4月7日）も参照）。貸付人としては、これらの要請にも留意しつつ検討する必要があるだろう。

項・3項）。

この点，JSLA ひな形において「貸付不能事由」とは，「①天災・戦争・テロ攻撃の勃発，②電気・通信・各種決済システムの不通・障害，③東京インターバンク市場において発生した円資金貸借取引を行い得ない事由，④その他貸付人の責によらない事由のうち，これにより貸付人の全部または一部による本貸付の実行が不可能となったと多数貸付人（多数貸付人による意思結集が困難な場合はエージェント）が判断するものをいう」（同1条11項）と定義されている。たとえば，新型コロナウイルス感染症の蔓延に伴う広範囲にわたる出勤停止・建物や施設の閉鎖等の措置により大規模なシステムの不通・障害が生じているような場合であれば，貸付不能事由があることを理由に貸付を拒絶される可能性がある。

(ウ) クロスデフォルト等

借入人について，期限の利益喪失事由が発生し，または発生するおそれがあるときは，貸付実行前提条件を充足しないとされることが一般的である（JSLA ひな形でも，借入人の表明保証事項がいずれも真実かつ正確であることが前提条件とされていること（同6条3号）を通じて，このことが貸付実行前提条件とされている（同20条9号））。期限の利益喪失事由の中には，融資を受けるまでの間に，（当該金銭消費貸借契約だけでなく）借入人が締結する他の契約上の債務の履行を遅滞し，もしくは期限の利益を喪失した場合や，借入人の事業もしくは財産の状態が悪化し，または悪化するおそれがあり，債権保全のために（期限の利益を喪失させる）必要が認められる場合が含まれているため（同22条2項1号，3号，7号および10号），このような場合（またはそのおそれがある場合）には貸付実行前提条件

を充足せず融資を受けられない可能性がある点に留意する必要がある。

(2) 貸付実行後の問題点
【ケース⑧】

> 新型コロナウイルス感染症の蔓延に関連して，借入人が，すでに融資を受けている金銭消費貸借契約について留意すべき点はあるか。

新型コロナウイルス感染症の蔓延によって生ずる特有の問題として，たとえば以下に記載するものが挙げられる。

(ア) 有価証券報告書等または計算書類等の提出義務

借入人は，有価証券報告書や四半期報告書等の報告書（以下「有価証券報告書等」という），または計算書類および事業報告等（以下「計算書類等」という）を作成した場合には，作成後速やかに，その写しをエージェントおよび全貸付人に提出する義務を負うことが一般的である（JSLA ひな形1条44項，21条1項2号）。この点，有価証券報告書等については，令和2年4月20日から同年9月29日までの期間に提出期限が到来するものの提出期限が一律に同年9月30日に延期され（企業内容等の開示に関する内閣府令等の一部を改正する内閣府令（令和2年内閣府令37号）1条），決算手続についても，金融庁は，従業員や監査業務に従事する者の安全確保に十分な配慮を行いながら，例年とは異なるスケジュールも想定して，決算および監査の業務を遂行していくことを要請している[43]。

JSLA ひな形では，有価証券報告書等または計算書類等を作成後速やかに提出すれば足りるとされているが，一定の期限まで（たとえば事業年度終了後3カ月以内）に提出することとされているような場合には，上記延長措

---

43 https://www.fsa.go.jp/news/r1/sonota/20200415/20200415.html。

置を踏まえたうえで，対応を協議することも考えられる。

(イ)　事業継続義務

JSLA ひな形上，借入人は，主たる事業を営むのに必要な許可等を維持し，すべての法令等を遵守して事業を継続することとされている（同21条4項1号）。

たとえば，飲食店等が政府からの要請を受けて営業を停止した場合に同号との関係が問題となるが，一時的な停止にすぎない場合には同号には違反しないと解釈する余地もある。しかし，事業の停止および事業の停止・廃止の決定は期限の利益喪失事由（請求失期事由）（同22条2項8号）とされているため，結局，事業を停止する場合には，エージェントおよび全貸付人に報告したうえで（同21条1項1号），当該期限の利益喪失事由によりエージェントおよび全貸付人が取得する権利の放棄等の対応を求める必要がある。

Ⅲ　契約の締結・期中対応における手続上の諸問題

政府・地方自治体等の要請を受けて在宅勤務体制を採る企業が増えており，その結果，オフィスに人がいない状況が生じるため，契約に関連して相手方当事者に書類を送付しても受領されない事態や，従前オフィスにおいて行っていた押印手続を実施することができない事態が生じうる。また，クロスボーダーの取引においては，一部の国・地域宛ての郵便物の受入れが停止されており[44]，当該国・地域の企業に対して書面等を送付することができない事態も生じうる[45]。

本Ⅲでは上記のような契約の内容以外に生じうる手続上の諸問題について検討を行う。

1　契約の締結

(1)　調印手続[46]

【ケース⑨】

買主は売主との間で売買契約を締結しようと契約交渉を進め，数日後に締結が予定されていたところ，特措法32条1項に基づく緊急事態宣言および同法45条1項に基づく都道府県知事による外出自粛要請を受けて，買主は全従業員を在宅勤務とし，オフィスへの出勤を停止させた（以下「出勤停止措置」という）ため，会社の代表印の押印手続が困難となった。売買契約の締結についてどのように対応すればよいか。

(ア)　問題の所在

契約は，法律上別段の定めがある場合を除き，当事者の合意のみで成立するが，実務上は，契約の内容を明確にする等の必要性から契約書を作成し，会社の代表印の押印がなされることが一般的である。

本人またはその代理人の署名または押印があるときは，当該文書は真正に成立したものと推定され（民事訴訟法228条4項），また，本人の印影がある場合には，当該印影は本人の意思に基づいてなされたものと（事実上）推定される[47]。このことから，当事者の押印がなされた契約書であれば，当該契約書の真正が推定されることになり，契約の成立の立証が容易になる。また，会社の代表印は通常権限のない者に使用されないよう管理されているため，会社の代表印のある書面は，権限のない者が無断で作成しているリスク（偽造

44　日本郵政のウェブサイト（https://www.post.japanpost.jp/int/information/2020/0409_01_01.pdf）参照。
45　送付先の住所が判明している場合には，公示送達ができない点に留意が必要である（民事訴訟法110条1号参照）。
46　調印手続を実施する前に，会社法をはじめとする法令および定款等の内部規則に基づき必要な意思決定手続を経る必要があるが，出勤停止措置に伴いこれらの手続をどのように行うかという点も問題となる。たとえば，代替措置として，(i)稟議書等を用いて決裁権者の承認を得る代わりに決裁権者が承認する旨のメールを関係部署に対して送付する，(ii)委員会等の会議体を書面決議の形式で実施するまたはテレビ会議等で開催する等の対応が考えられるが，代替措置の可否については，個別に検討する必要がある。
47　最判昭39.5.12民集18巻4号597頁。

リスク）が低く，また，仮に権限がない者が使用した場合でも，表見代理等の規定によって契約が有効に成立したと判断される可能性がある。会社の代表印の押印がされるのが一般的であるのは，以上のような理由に基づくものである。

しかし，出勤停止措置がなされた場合には，会社に保管されている代表印を押印できず，このような手続による契約の締結が困難な事態が生ずることが想定される。

署名や押印がない契約書（たとえば，会社名と代表者名の記名のみの契約書）の場合には，上記のメリットが受けられないため，契約の成立が争われた場合には，契約の成立（契約書の真正）を積極的に立証する必要があることになる。たとえば，契約書のほかに，担当者への電話による意思確認の結果や交渉時のやりとりが記載されたメール等を提出すること等の方法によって立証することになるが，その立証は容易ではない。そのため，できる限り契約の成立の立証の負担や偽造リスクを軽減しつつ，現実的に対応可能な方策を模索することが必要となる。

(イ) 代表者による署名または代表印以外の印章の押印

出勤停止措置の期間中，代表印を使用することが困難な場合には，(i)押印に代えて，契約書に署名することが考えられる。この場合には，代表取締役や支配人等の包括的な代理権を有する者以外の者（当該案件を担当する平取締役や案件を担当する管理職の従業員等）が署名することもありうる。相手方当事者としては，まず，署名者が代表取締役や支配人等の包括的な代理権を有する者であるか否かを確認し，それ以外の者による署名の場合には，代表取締役による授権を示す書面等によ

り当該契約を締結する権限（代理権）が署名者にあることを確認しておく必要がある。また，署名には，民事訴訟法228条4項による推定の効力が認められているが，当該署名が署名者本人によってなされたものであることを示す公的な書類は存在しないため，このことを確認することが困難な場合もありうる。そこで，相手方当事者としては，調印権者本人が署名したことを別途確認しておくことが望ましいだろう。

あるいは，(ii)代表者が会社の代表印ではなく，個人の実印を押印するという方法も考えられる。この場合には，当該代表者自身の意思で契約を作成したことは確認しうるが，押印者が代表取締役や支配人等の包括的な代理権を有する者ではない場合には当該契約を締結する権限（代理権）の確認が必要であることは，(i)と同様である。また，押印者の印影であることを確認するため，押印者の印鑑証明書の交付を受けておくことが望ましい。

いずれの場合についても，後日代表印が押印された契約書（またはその写し）を作成すべきか。印紙税が再度発生するうえに相手方当事者の事務負担も発生することから，当初の契約締結時における代理権等の確認の程度等実際上のリスクの多寡を踏まえ，作成の要否を検討することになろう。

(ウ) 電子契約の可能性

上記のとおり，出勤停止措置の状況においては，従前の紙媒体による契約締結方法では問題が生じうるため，紙媒体による契約書に代えて，電子契約により締結する方法も考えられる。電子契約とは，電子文書を作成することにより締結される契約をいい，署名または記名押印と同様に成立の真正を推定する効力を有する電子署名[48]が用いられる場合に

---

48 電子署名については，特別法（電子署名及び認証業務に関する法律（平成12年法律102号））が定められており，「電磁的記録であって情報を表すために作成されたもの……は，当該電磁的記録に記録された情報について本人による電子署名……が行われているときは，真正に成立したものと推定する」（同法3条）等の特則が定められている。

は，紙媒体の契約書に代表者が記名押印するのと同様の証拠力を有するものとなる[49]。

なお，会社の代表取締役や支配人等以外の者が電子署名をする場合には，相手方当事者としては，紙媒体における署名と同様に，署名者が会社を代表して当該契約を締結する権限（代理権）を有しているか否かを確認する必要がある。このような代表取締役等による授権を示す書面についても電子文書（電子委任状[50]）により行うことが可能とされている。

電子契約や電子委任状は活用例が増えつつあるものの，未だ一般に普及しているとは言いがたい。電子契約により契約を締結するためには，相手方当事者が電子契約に対応することができるかという点が問題となる。また，電子契約により契約を締結するにあたっては，内部規則上可能であるかどうかも検討しておく必要がある。

2　期中管理に関する問題（書面の交付）
【ケース⑩】

金銭消費貸借契約の借入人が，計算書類や確定申告書等の書類を貸付人に提出する義務を負っていたが，出勤停止措置のため，書類の授受が困難である。この場合に，どのような対応が考えられるか。

金銭消費貸借契約においては，借入人には，定期的に書類を提出する義務や，一定の事象が生じた場合の報告義務が課されることが一般的であるが，この義務の履行のため，押印した書面を貸付人宛に提出する必要が生じることがある。

しかし，出勤停止措置がなされている状況下では，オフィスに人がいないために郵送等の方法により受領することができず，書類の原本の授受を行うことが困難な場合もありうる。

この場合には，契約の変更，例外的措置を認める旨の覚書の締結，あるいは前提条件の充足を猶予する等の対応が必要となる。具体的には，提出の免除や期限の猶予，それが難しい場合には写しの提出で代えることが考えられる。写しを提出させる場合にはPDFでの送付となるだろうが，原本を受領する場合に比して，偽造・改ざんのリスクが高いため，貸付人としては，重要な書類についてPDFでの提出を認めることには慎重な検討が必要である。PDFでの提出を認める場合でも，受領する写しが原本と相違ないことを新たに表明保証させるかどうか，あるいは別途原本との一致を確認することが可能かどうか等を検討するべきであろう。

49　なお，たとえば，定期借地権設定契約や定期建物賃貸借契約は公正証書による等書面によってしなければならないこととされており（借地借家法22条，38条1項），電子契約によって締結することができないと解される。

50　企業の代表者（代表取締役等）は，担当者に代理権を授与したことを電子委任状取扱事業者（電子委任状の普及の促進に関する法律（平成29年法律64号）2条3項，5条）に登録し，電子委任状取扱事業者は電子委任状を保管・管理する。相手方当事者は，電子委任状取扱業者を通じて電子委任状を閲覧することにより，適切な授権がなされているかを確認することができる。電子委任状に関する詳細については，総務省・経済産業省「電子委任状の普及を促進するための基本的な指針」（平成29年総務省・経済産業省告示3号）参照。

第3章

株主総会対応①
総会実施方法の検討上の留意点

森・濱田松本法律事務所
弁護士　近澤　諒

　新型コロナウイルス感染症の拡大が株主総会実務にも多大な影響を与える状況下，(i)そもそもどの程度強く株主の来場を制限してよいか（来場自粛要請の強度・実際に来場した株主への対応），(ii)そのような来場制限下でバーチャル総会を代替プランとして準備すべきか，そして，(iii)決算および監査に遅れが生じている会社はどのように対応すべきか（特に継続会を実施する場合の留意点）を解説する。

I　はじめに

　新型コロナウイルス感染症（以下「COVID-19」という）の世界的な拡大により，各企業を取り巻く環境は一変した。令和2年4月7日には，東京，大阪等の7都府県を対象に緊急事態宣言が出され，同月16日には全国に拡大された。このような状況下，企業はあらゆる局面で過去に経験したことのない異例の対応を迫られている。

　株主総会実務も例外ではない。COVID-19の拡大当初は，株主総会当日の感染拡大防止策が盛んに議論されたが，議論の焦点は来場自粛要請や入場制限の可否，そして，決算および監査の遅れに伴う対応へと拡大している。

　これに呼応するように，省庁も法令の解釈指針を示すなどの支援を行っている。法務省は，令和2年2月28日に「定時株主総会の開催について」（令和2年4月17日更新。以下「法務省リリース」という）を発表し，定時株主総会の開催時期や議決権行使・配当の基準日に関する法令および定款規定の解釈を示した。さらに，経済産業省と法務省は，令和2年4月2日，COVID-19の感染拡大防止の観点から，株主総会の運営上想定される事項についての考え方をとりまとめ，「株主総会運営に係るQ&A」（令和2年4月28日更新，以下「総会Q&A」という）を公表した。また，金融庁に設置された「新型コロナウイルス感染症の影響を踏まえた企業決算・監査等への対応に係る連絡協議会」は，令和2年4月15日，決算および監査の遅れに伴う株主総会運営上の問題について「新型コロナウイルス感染症の影響を踏まえた企業決算・監査及び株主総会の対応について」（以下「協議会声明」という）を公表した。

　このような状況を踏まえ，第3章においては，そもそもCOVID-19の影響下においてどの程度強く株主の来場を制限してよいか（下記II），そのような来場制限下でバーチャル総会（特に簡易版のハイブリッド参加型）を代替手段として提供すべきか（下記III），そして，決算および監査に遅れが生じている会社はどのように対応すべきか（下記IV）を検討したい。

　なお，株主総会の当日の運営方法に関する留意点については，第4章を参照いただきたい。また，本稿は，令和2年4月28日までの情報に基づいており，その後の情報は反映できていない。

Ⅱ どこまで強く来場自粛を求めてよいのか

1 米国等の諸外国の状況と日本との相違

　日本における対応を検討するに際し，日本に先行してCOVID-19の感染が急拡大し，株主総会実務もより深刻な影響を受けた米国等の諸外国の状況を簡単に確認しておきたい。

　もともとバーチャル総会の利用が拡大していた米国では，COVID-19の影響で，その利用を検討する企業がさらに増加し，2020年3月には，スターバックスがバーチャルオンリー型に移行した。また，ウォーレン・バフェットの声を聴きに数万人が株主総会に集まると言われるバークシャー・ハサウェイも，2020年は，事実上のバーチャルオンリー型を採用すると発表した。

　米国ではバーチャルオンリー型を含むバーチャル総会の可否は州法上の問題であるが，ニューヨーク州を含むバーチャルオンリー型を許容していなかった州も，特例法を制定して2020年はこれを許容するなどの対応が進んだ。

　欧州はどうか。ドイツは，バーチャルオンリー型を認めていなかったが，3月下旬に新法を制定し，2020年中はこれを認めることとした。イギリスは，もともと所定の定款規定があればバーチャル総会を実施することを認めるが，この定款変更を不要とする特例法を検討中であるとも報じられている。

　このようにグローバルの潮流は，少なくとも2020年はバーチャルオンリー型を認め，物理的な会場における集会は行わないというものである。しかし，日本では，バーチャルオンリー型は現行法上適法ではないとの解釈が支配的であり，現時点で法改正の動きもな

い。後述するハイブリッド型のバーチャル総会は可能であるが，これは物理的な会場における株主総会を前提とした追加的な選択肢にすぎない。

　そうすると，日本において，COVID-19の感染が拡大するなかで迎える令和2年6月の株主総会シーズンにおいてまず検討すべきは，バーチャル総会という選択肢の有無にかかわらず，どこまで強力に株主の来場を抑制することができるかである。

　この点に関しては，総会Q&AのQ1とQ2が参考になる[1]。

2 招集通知等における来場自粛の要請

　まず，総会Q&AのQ1をみてみたい。その内容は次頁のとおりである。

　平時であれば，株主に対して総会会場への来場を控えるよう呼びかけることは，その態様次第で，招集の手続が著しく不公正であるとして，決議取消事由に該当する可能性も否定はできない（会社法831条1項1号）。

　そのような考慮もあってか，令和2年3月に実施された12月決算会社の株主総会においては，あくまで注意喚起を行い，株主の主体的な判断に委ねるというトーンで招集通知に記載を行う例が多かったように思われる。

　しかし，今後の状況変化は不透明であるが，緊急事態宣言が出された令和2年4月時点の状況を前提にすると，そのようなトーンではかえって世相に反するとの評価もありうる。事前の充実した情報提供のもとで，書面やインターネットによる議決権行使も可能であることを前提とすれば，もっと強力に来場自粛を呼びかけ，COVID-19の感染拡大防止を徹底することこそが，株主が会社に期待していることではないかとの懸念もある。

　上記Q1は，そのような懸念も踏まえ，よ

1　総会Q&Aのより詳細な解説として，渡辺邦広「『株主総会運営に係るQ&A』のポイントと実務に与える示唆」（商事法務ポータル，令和2年4月18日）参照。

Q1. 株主総会の招集通知等において，新型コロナウイルスの感染拡大防止のために株主に来場を控えるよう呼びかけることは可能ですか。

(A) 可能です。

　会場を設定しつつ，感染拡大防止策の一環として，株主に来場を控えるよう呼びかけることは，株主の健康に配慮した措置と考えます。

　なお，その際には，併せて書面や電磁的方法による事前の議決権行使の方法を案内することが望ましいと考えます。

り端的に「株主に来場を控えるよう呼びかけること」を後押しするものと解してよいだろう。このQ1によれば，招集通知において，「株主総会の会場での出席は控える」ことを要請することも許容されるものと解される。

　この点，経団連は，令和2年4月28日，同年6月に定時株主総会の開催を予定している企業を念頭に置き，「新型コロナウイルス感染症の拡大を踏まえた定時株主総会の臨時的な招集通知モデル」として，2つのモデル（モデルA・モデルB）を公表した（経団連のウェブサイトで公開されている）。モデルAは，株主に来場自粛を求めるものであり，モデルBは，さらに一歩踏み込んで，株主の来場を想定していない旨を通知するに等しいものである。本稿では紙幅の制限もありその詳細の説明は省略するが，特にモデルBの利用に際しては，その記載上の注意(1)が述べるように，感染拡大状況，行政の方針，各社のおかれた状況（決議事項の種類，例年における事前

の議決権行使の状況，株主提案の有無等）を考慮して慎重に判断する必要がある。

　もっとも，COVID-19の感染拡大の状況は刻一刻と変化しており，招集通知の作成時点における状況に鑑み合理的に来場自粛要請文言の内容を決めたとき，その後の状況の改善によって招集の手続が違法または著しく不公正と評価されることはないだろう。

3　自粛要請にかかわらず来場した株主の入場制限の可否

　上記2のような強力な来場自粛要請にかかわらず，会場に来場する株主もあるかもしれない。そのような株主の入場を制限できるかも問題となる。そこで，次に総会Q&AのQ2をみてみたい（下記参照）。

　平時であれば，来場株主の入場を制限することは原則として困難であり，合理的な理由なく入場を拒む場合には決議取消しのリスクがある。

Q2. 会場に入場できる株主の人数を制限することや会場に株主が出席していない状態で株主総会を開催することは可能ですか。

(A) 可能です。

　Q1のように株主に来場を控えるよう呼びかけることに加えて，新型コロナウイルスの感染拡大防止に必要な対応をとるために，やむを得ないと判断される場合には，合理的な範囲内において，自社会議室を活用するなど，例年より会場の規模を縮小することや，会場に入場できる株主の人数を制限することも，可能と考えます。

　現下の状況においては，その結果として，設定した会場に株主が出席していなくても，株主総会を開催することは可能と考えます。この場合，書面や電磁的方法による事前の議決権行使を認めることなどにより，決議の成立に必要な要件を満たすことができます。

Q2は，「新型コロナウイルスの感染拡大防止に必要な対応」として，会場の規模の縮小や入場株主の人数制限を行うことに合理性が認められることを示す。このQ2が想定する典型的なケースは，COVID-19により会場内の株主席の間隔を空けるなどの対応により入場できる株主数が減少するケースや，例年の会場が使用できずに確保した代替会場が手狭であるケースなどであろう。

さらに，Q2は，「新型コロナウイルスの感染拡大防止に必要な対応をとるために，やむを得ないと判断される場合」には，会場確保の可否にかかわらず，より積極的に入場者の絶対数を制限することも想定しているように読める。この場合，何人まで人数を制限することができるか。特に，最も厳しい人数制限の態様として，株主の入場を一切拒絶することも認められるのだろうか。

Q2の回答自体から，Q1を前提とした強力な自粛要請のもとで，それでもなお来場した株主の入場を一切拒絶することを認めるものであるとまで読みとることは難しいが[2]，今後の感染拡大によってはそのような措置を検討すべき状況となるかもしれない。

もっとも，総会Q&Aは，緊急事態宣言前の令和2年4月2日に公表され，同宣言後の令和2年4月14日および28日に更新されているが，更新後も，来場した株主の入場を一切拒絶することを直接には認めておらず，あくまで自粛要請等の「結果として，設定した会場に株主が出席していなくても，株主総会を開催することは可能」とするにとどまる。このことからも，緊急事態宣言下にあることのみをもって，ただちに一般株主の入場を一切拒絶することが「合理的な範囲」の対応と言えるわけではない。来場自粛を強く要請する

ことを前提に本店会議室を開催場所とすることを検討する例もあるが，その場合も，来場株主があったときの対応を考えておく必要がある[3]。

上述の経団連ひな形のモデルBも，来場自粛要請にもかかわらず株主総会当日に来場する株主があった場合，来場株主の個別事情（COVID-19の感染の合理的疑いがある場合など）により入場を拒絶することはあるとしても，株主の入場を一切拒絶することを想定したものではない（モデルB記載上の注意(2)参照）。

4　来場自粛要請対応の現在地点

以上のように，来場自粛要請に係る対応は，(i)招集通知等の株主宛の案内において，どの程度強力に来場自粛を要請するか，という問題と，(ii)そのような来場自粛要請のもとで，それでもなお来場した株主の入場をどの程度制限するか（人数を限定するか，一切の入場を拒絶するか），という2つの切り口がある。

令和2年4月時点の状況を前提にすれば，事実上の来場拒絶に等しい形で強く来場自粛を要請することまでは許容されるように思われるところである。

他方，そのような来場自粛要請にかかわらず来場した株主の入場を認めるか否かは，今後の状況に応じて判断することになると思われる。今後，日本においてCOVID-19問題が速やかに収束に向かえば，株主の入場を制限するなどという異例の対応をとる必要もないかもしれない。もっとも，米国や欧州の状況をみれば，何が社会的要請を踏まえた「合理的」な対応であるかという価値判断基準が，根本的に揺らいでいる可能性も否定でき

2　総会Q&AのQ4が説くとおり，COVID-19の感染拡大防止に必要な対応をとるために，罹患が疑われる株主の入場を制限することや退場を命じることは可能である。

3　「開催場所」としての本店会議室と，役員が参加する会議室を分けることを検討する例もある。その場合，役員は開催「場所に存しない」形で出席したこととなる（会社法施行規則72条3項1号）。

ない。

また，いずれにしても，非常に強い来場自粛要請を行い，事実上株主の来場を拒絶するかのような対応をとる場合，株主に対して何らかの代替プランを提供しなくてもよいのか，という点も問題となりうる。他方で，ただでさえ COVID-19 の影響により混乱が生じている中，新たな仕組みの導入に伴う負荷は必要最小限としたいという実務上の要請もある。

そこで，次のⅢでは，このような来場自粛要請下のバーチャル総会の利用について検討する。

Ⅲ 来場自粛要請下のバーチャル総会（簡易版ハイブリッド参加型による代替策の提供）

1 来場自粛要請下においてバーチャル総会を実施する意義

上記Ⅱにおいて述べたような，事実上の来場禁止とも言うべき強力な来場抑制策をとる場合，その適法性自体は，バーチャル総会という選択肢を設けるか否かとは関係なく判断されるべきである。

もっとも，仮にそのような来場抑制策が適法であるとしても，株主総会の意義，たとえば，株主総会という会議体における審議を通じた意思決定や，株主に対する説明義務等を前提とした経営者への監視・牽制の機会が損なわれかねないとの指摘もありうる。

しかし，株主提案や委任状勧誘等がなされる特殊な例を除けば[4]，大多数の上場企業においては，事前の議決権行使によって全議案の可決が確定しており，当日出席株主の議決権行使によって結論が変わることはないのが通常である。説明義務等を前提とした経営者

への監視・牽制の機能があることは否定できないが，昨今においては，年に一度の株主総会に限らず，日常的に対話が行われている。

そうすると，バーチャル総会の利用は，強力な来場自粛要請と引換えに実施することが求められるのではなく，あくまで COVID-19 により事実上来場を禁止された株主に対して経営者の声を届ける機会を追加的に用意し，対話の充実に努めるものであると捉えることができる。

2 経産省ガイドとバーチャル総会の種類

(1) バーチャル総会に関する経産省ガイド

令和2年2月26日，経済産業省は「ハイブリッド型バーチャル株主総会の実施ガイド」（以下「経産省ガイド」という）を策定した。これは，COVID-19 の感染拡大とは何ら関係のない取組みであったが，結果として，非常にタイムリーであった。

経産省ガイドは，法令ではないが，株主総会実務に関与する多様な当事者の共通理解をまとめた公的指針であり，司法判断でも斟酌される可能性が高い。このような公的指針が策定されたことにより，日本においてもバーチャル総会の導入が実務上容易になり，COVID-19 の感染拡大による多人数集会回避の流れも相まって，注目を集めている。

現に，令和2年3月には，複数の上場企業が，COVID-19 の感染拡大防止も理由に，バーチャル総会を実施した。

(2) 経産省ガイドにおけるバーチャル総会の種類

経産省ガイドは，バーチャル総会を，(i) バーチャルオンリー型，(ii) ハイブリッド出席型，(iii) ハイブリッド参加型の3種類に分類する。

4　第3章では，個別にその旨断らない場合も，原則として，株主提案や委任状勧誘等がなされるなどの事情により，株主総会当日の審議によって，決議事項に係る採決結果が異なりうる状況にある企業の株主総会は念頭に置いていない。

【図表1】　バーチャル総会の分類

	物理的な会場	出　席	議決権行使	質　問
バーチャルオンリー型	なし	出席	可能	可能
ハイブリッド出席型	あり	出席	可能	可能
ハイブリッド参加型	あり	欠席（参加）	不可	不可（※）

（※）　ただし，「コメント」機能等を採用する可能性あり

　株主が物理的に参集する会場が存在せず，すべての出席株主がインターネット等で参加することを想定するものがバーチャルオンリー型である。これに対して，従来どおり物理的な会場を準備し，そこで株主総会を開催しつつ，希望する株主がインターネット等により参加できるようにしたものがハイブリッド型である。

　そして，経産省ガイドは，ハイブリッド型をさらに2種類に分類する。インターネット等により参加する株主が議決権行使を行い，これを法的にも「出席」していると位置づけるものを，ハイブリッド出席型と呼び，インターネット等で参加する株主は議決権を行使せず，法的な意味では「出席」していないが傍聴に準じた「参加」をしていると位置づけるものを，ハイブリッド参加型と呼ぶ。このハイブリッド参加型では，インターネット等で参加する株主は株主総会に「出席」するものではないため，「質問」をすることはできないが，質問に準じた発言を受け付けて取締役が回答することも可能である。このような質問に準じた発言を経産省ガイドでは「コメント」と呼んでいる。

　以上の分類は【図表1】のとおりとなる。

3　現実的な選択肢としての簡易版ハイブリッド参加型

　COVID-19による来場自粛要請下，追加的な対話の手段を提供するという観点でみたとき，3種類のバーチャル総会の中で，多くの上場企業にとって現実的な選択肢となるの

は，ハイブリッド参加型である。

　まず，バーチャルオンリー型については，現行会社法下では不適法であるという意見が強く，実務的には選択肢とならない。

　次に，ハイブリッド出席型は，その適法性に問題はないものの，総会当日のインターネット等を通じた議決権行使に対応したシステム等の準備が必要となる。2019年以前から審議状況のライブ配信や総会当日の議決権行使のシステム管理などを進めてきた会社であれば別論，自社でそのような準備を行うことは決して容易ではない。また，ハイブリッド出席型のバーチャル出席株主は法的にも「出席」するものであるから，会社法上の制約も生じる。たとえば，経産省ガイドの整理によれば，ハイブリッド出席型の場合，招集通知において，「株主総会の（中略）場所」に準じる事項として，審議への参加や議決権行使の方法を記載することが求められる。そのほかにも，本人確認の方法，代理出席の可否，事前の議決権行使の取扱い，質問の方法・制限，動議の制限といった検討事項が生じる。

　それに対して，ハイブリッド参加型の場合，バーチャル参加する株主は，そもそも法的な意味で「出席」するものではなく，議決権行使も行わないことから，株主総会のライブ配信の準備さえ整えば実施可能である。「出席」ではないから，事前の議決権行使の取扱いや動議の可否といったことも検討する必要はないし，システム障害等の可能性について神経質になる必要もない。上記「コメント」機能も必須ではない。

【図表2】 ハイブリッド出席型とハイブリッド参加型の運営上の主要な差異

	ハイブリッド出席型	ハイブリッド参加型
システムの準備	ライブ配信に加え，議決権行使および質問受付等の機能が必要	最低限ライブ配信機能があれば足りる
実施に関する意思決定	原則として（開催場所に準じて）2週間前までに取締役会決議が必要	取締役会決議は必須ではない
招集通知等への記載	原則として（開催場所に準じて）記載が必要	必須ではない
本人確認	各株主に対する個別のIDとパスワードの発行が必要	ライブ配信のみであれば全株主共通のIDとパスワードも可
代理出席	代理人のバーチャル出席を禁止するか検討が必要	―（出席ではない）
事前の議決権行使の取扱い	バーチャル出席株主につき無効とする時点につき検討が必要	―（出席ではない）
質問受付ルール	質問受付方法，回数，文字数，期限等のルールにつき検討が必要	コメント機能や事前質問の仕組みを設けない限り検討不要
動議の提出／採決	動議提出の可否や動議の採決時の取扱いにつき検討が必要	―（出席ではないため，動議提出不可・動議への採決不参加）
退場	通信の強制的な途絶による退場方法につき検討が必要	―（出席ではない）

このようなハイブリッド出席型とハイブリッド参加型の運営上の差異のうち，主要な点をまとめると【図表2】のとおりである。

このようにハイブリッド参加型は，ハイブリッド出席型に比し，導入および運営が容易で，かつ自由度が高い。他方，来場自粛要請下でバーチャル総会を実施する意義を，COVID-19の感染拡大により来場できない株主に対して経営者の声を聴く機会を提供することに置くとすれば，ハイブリッド出席型まで準備しなくとも，ハイブリッド参加型で必要十分であるともいえる。

そして，「コメント」機能まで準備しなくとも，少なくともライブ配信の機能さえ備えておけば（そのアクセス権を株主に限定すれば），経産省ガイドのいうハイブリッド参加型となる。このような簡易版のハイブリッド参加型が，令和2年6月総会シーズンにおいては，現実的な選択肢となろう。

4 ハイブリッド参加型を実施する場合の手続等

次に，ハイブリッド参加型の実施に際して必要となる手続等を簡単に確認しておきたい。

まず，実施の意思決定であるが，会社法上，取締役会決議は必須ではない。もっとも，ハイブリッド参加型の実施は，株主と会社の「対話」を促すという実務的な意義があり，株主総会運営上の重要事項であるから，念のため，ライブ配信等によりハイブリッド参加型を実施するという方針については取締役会で決定しておくことも考えられる。

次に，招集通知については，ハイブリッド参加型を実施する旨や具体的な参加方法は招集通知の法定記載事項に該当しないため，これらの記載は必須ではない。もっとも，株主に対して何らかの案内を行う必要はあり，とりわけ令和2年6月総会において新型コロナ

の影響により強力な来場自粛要請を行う場合，ハイブリッド参加型で「参加」する株主は議決権を行使することはできないため，事前に議決権行使を行っておくよう，丁寧に案内しておくべきである。

　加えて，バーチャル参加システムとして，最低限，審議状況のライブ配信の準備が必要となる。また，本人確認のためのアクセス認証（ログイン）の仕組みも必要となる。この点，ライブ配信を行うのみであれば，全株主共通のIDとパスワードで足り，準備が簡単である。他方，「コメント」機能を搭載する場合，各株主に個別のIDとパスワードを通知し，当該IDとパスワードを用いて本人確認する仕組みも検討する必要がある[5]。

　株主からの質問等を受け付ける場合，その方法としては，上述の「コメント」機能や，事前質問の受付などが考えられるが，このような対応も法的には必須ではない。コメントや事前質問の取扱いに関しても法的な制約はなく，質問数や文字数を制限することや，送信／提出の期限を設けることも可能である。

5　ライブ配信が困難である場合—事後配信等の対応

　以上，ライブ配信が可能であることを前提に解説したが，ライブ配信も必ずしも自社で容易に対応できるわけではない。そうすると，ライブ配信（同時中継）は断念し，株主宛に事後配信を行うという対応もありうる。

　令和2年6月総会シーズンにおいてバーチャル総会を行う意義を，COVID-19により来場できない株主に対して経営者の声を聴く機会を追加的に提供して対話の充実に努めることに求めるとすれば，事後配信でも十分これを達成することができる。

　これは，経産省ガイドの定義によれば「ハイブリッド参加型」に該当しないかもしれないが，ハイブリッド参加型においてバーチャル参加する株主はいずれにしても法的には「出席」したと扱われないのであるから，ライブ配信か事後配信かで法的に有意な差異はない。

Ⅳ　決算および監査に遅れが生じる企業の対応

1　決算および監査に遅れが生じる企業が置かれた状況

　COIVD-19の感染拡大が問題視されるようになった当初は，感染拡大防止という観点から，定時株主総会の開催の延期も検討された。法務省は，法務省リリースを発表し，定時株主総会の開催時期や議決権行使・配当の基準日に関する法令および定款規定の解釈を示すなどした。

　しかし，7月以降に定時株主総会を開催する場合，配当を株主総会決議事項とする会社では配当実施が遅延するだけでなく配当基準日も再設定することになり影響が大きい。取締役の任期の問題もある。そもそも，1，2カ月延期したら事態が改善しているという保証もない。

　このような事情を考慮し，COVID-19の感染が拡大する中においても，令和2年4月時点では，6月総会会社は予定どおり6月に定時株主総会を実施するのが基本線となりつつあり，そのうえで，どこまで大胆な来場制限を強行してよいかが主な関心事項となっているように思われる（上記Ⅱ）。

　もっとも，決算や監査に遅延が生じている企業においては，別途の考慮を要する。決算や監査の遅延の状況は会社にとって区々であり，招集通知作成時点では間に合わないが，

5　なお，何らかのIDとパスワードを設定せず，株主に限定しない形でライブ配信等を行うと，肖像権等の問題への配慮（株主の発言部分の編集等）が必要となりうる。

定時株主総会開催日前の終了が見込まれている場合もあれば，7月以降にずれ込むことが見込まれている場合もある。また，海外子会社側の連結決算対応の遅延などにより，連結計算書類の監査は間に合わないが，単体計算書類であれば間に合うという会社もありうる。いずれにしても，招集通知の作成時点で決算および監査が終了していない場合，その完了が見込まれる時期にも応じて（下記4(6)参照），定時株主総会を延期するか，あるいは臨時株主総会や継続会を実施するかといった検討が必要となる。

2　とりうる選択肢―定時株主総会延期，臨時株主総会，継続会

上記1のような状況に鑑み，金融庁に設定された「新型コロナウイルス感染症の影響を踏まえた企業決算・監査等への対応に係る連絡協議会」は，令和2年4月15日，協議会声明を発表した。また，令和2年4月28日，金融庁，法務省および経済産業省は，連名で，「継続会（会社法317条）について」と題された文書（以下「3省庁連名文書」という）を公表し，企業関係者の円滑な実務の遂行に資することを目的として，継続会を実施する場合の法的論点について一定の解釈指針を示した。

これらの声明等も踏まえれば，決算および監査に遅れが生じており，その完了が定時株主総会に間に合わないと見込まれる企業がとりうる選択肢としては，(i)定時株主総会の開催を7月以降に延期する（決議事項および報告事項），(ii)定時株主総会を6月に開催し（決議事項），7月以降に臨時株主総会を開催する（報告事項），(iii)定時株主総会を6月に開催し（決議事項），7月以降に継続会を実

施する（報告事項），の3つがある。

そこで，各方法について主な考慮要素をまとめると次頁【図表3】のとおりである。

これを見ると，定時株主総会を延期する場合には，監査も完了し，株主に計算書類等を提供したうえで，決議事項を上程できる点で好ましいとの評価もありうる。

他方，特に配当の決定機関が株主総会であって，分配可能額に不安がないため，3月末の基準日株主に対して予定どおり配当を行うことを優先する場合には，臨時株主総会方式または継続会方式に傾き，さらに，株主総会の基準日の再設定が不要であることもあり，どちらかというと，継続会方式が有力な選択肢となるようにも思える。

もっとも，継続会自体は必ずしも実務上一般的な方法ではなく，過去に継続会を実施した経験を有する企業は稀である。そこで，以下では特に継続会を採用する場合の留意点を解説する。

3　継続会方式を採用する場合の留意点
(1)　継続会の実施時期

継続会方式に関して，まず問題となるのは，その実施時期であろう。継続会の実施時期に関しては，一旦，学説と実務に乖離がある。

継続会に関する会社法317条[6]の一般的な解説を見ると，（公開会社においては）招集通知の法定期限が2週間前であることも考慮し，継続会は，対象となる株主総会の開催日（当初開催日）から2週間以内であるべきと説かれる傾向にある[7]。

他方，2013年6月以降に実施された上場会社の継続会の実施状況は，後掲【図表4】のとおりである[8]。

6　会社法317条は，株主総会決議による総会の「延期」および「続行」を定めるところ，「延期」は，総会の成立後，議事に入らず会日を後日に変更すること，「続行」は，議事に入った後，審議未了のまま総会を後日に継続して行うことを指すが，本稿では，続行を念頭に置いて「継続会」という語を用いる。
7　岩原紳作編『会社法コンメンタール第7巻―機関(1)』（商事法務，2013）288～289頁［前田重行］。

【図表3】　定時株主総会延期，臨時株主総会，継続会の主な考慮要素

	定時株主総会延期	臨時株主総会	継続会
株主総会（議決権）の基準日	（定時株主総会につき）再設定必要	（臨時株主総会につき）再設定必要	再設定不要
配当の基準日	再設定必要（株主総会で剰余金の配当を決定する場合）	再設定不要（定時株主総会で決議）	再設定不要（当初開催日に決議）
計算書類確定前の配当決議（株主総会決議）（注1）	なし	ありうる	ありうる
取締役等の任期	定時株主総会終結時（法務省Q&A）（注2）	定時株主総会終結時	継続会終結時（または当初開催日に辞任）
開催時期の制限	定時株主総会：問題解消後合理的な期間内（法務省リリース）	臨時株主総会：法令上明確な制限なし	継続会：当初開催日から相当な期間内
招集通知	1回（定時株主総会）	2回（定時株主総会および臨時株主総会）	1回（ただし，継続会開催通知につき要検討）
計算書類等の提供（注3）	定時株主総会の招集時に提供可能	臨時株主総会の招集時に提供（定時株主総会招集時点では未了）	継続会開催前に提供（定時株主総会招集時点では未了）

（注1）　分配可能額規制（会社法461条以下）や役員の欠損填補責任（会社法465条）等に影響がありうる。
（注2）　6月末を過ぎても，実際の定時株主総会の終結時に任期満了となる。法務省「商業・法人登記事務に関するQ&A」参照（http://www.moj.go.jp/hisho/kouhou/hisho06_00076.html）。
（注3）　会社法は，「定時株主総会の招集の通知に際して」，株主に対し，計算書類等を提供することを求める（会社法437条，444条6項等）。

　これを見ると，実務上は，2週間という期間制限はあまり考慮されておらず，1，2カ月程度間隔のある事例の集積がある（なかには，3カ月近い事例もある）。このような実務を踏まえ，さらに学説を確認すると，招集通知の発送期限に加え，当該会社において継続会を必要とした事情をも考慮し，相当な期間を判断するとの見解も存する[9]。

　令和2年6月総会シーズンにおいては，当初開催日と継続会実施日の間隔が相当であるかの判断に際しては，協議会声明が示すように，COVID-19の感染が拡大する中，「従業員や監査業務に従事する者の安全確保に十分な配慮」を行いながら決算および監査業務を進めたという事情は斟酌されるべきであり，2週間という期間にこだわることなく，最大3カ月程度であればやむをえないとの判断もありうるだろう[10]。この点は，3省庁連名文書も，「現下の状況にかんがみ，3カ月を超えないことが一定の目安になる」として，実務上の要請に理解を指名している。いずれにしても継続会に持ち越す目的事項が報告事項のみであるならば，決議取消しのリスクに神経質になる必要はない。

8　資料版商事法務380号，393号，405号，417号および429号に掲載された各年7月から翌6月の延会・継続会の事例分析に依拠している。
9　大隅健一郎＝今井宏＝小林量『新会社法概説［第2版］』（有斐閣，2010）152頁，「条解・会社法の研究─⑤株主総会」（別冊商事法務163号）144頁［森本滋・稲葉威雄発言］。
10　有価証券報告書等の提出期限については，企業内容等の開示に関する内閣府令等が改正され，企業側が個別の申請を行わなくとも，一律に9月末まで延長することとされており，これに合わせる場合には，6月の定時株主総会から最大3カ月の間隔が生じることとなる。

【図表4】 過去5年間（2013年6月以降）に実施された上場会社の継続会の実施状況

社　名	当初開催日(A)	継続会実施日(B)	B－Aの日数
アイフリークホールディングス	2013.6.27	2013.7.31	33日
雑貨屋ブルドッグ	2013.11.28	2014.1.8	40日
東京衡機	2014.5.27	2014.6.27	30日
JALCO ホールディングス	2014.6.30	2014.7.31	30日
アゴーラ・ホスピタリティー・グループ	2015.3.31	2015.6.16	76日
東芝テック	2015.6.26	2015.7.13	16日
東芝プラントシステム	2015.6.25	2015.8.7	42日
SOL Holdings	2015.6.26	2015.7.29	32日
フード・プラネット	2015.12.18	2016.2.22	65日
レッド・プラネット・ジャパン	2015.12.30	2016.3.4	64日
NJS	2016.3.30	2016.4.20	20日
東芝テック	2016.6.24	2016.7.27	32日
シーエスロジネット	2016.6.28	2016.8.3	35日
やまねメディカル	2016.6.29	2016.7.22	22日
モジュレ	2016.8.30	2016.9.29	29日
アピックヤマダ	2017.6.27	2017.9.1	65日
ウェッジホールディングス	2017.12.24	2018.2.6	43日
アマナ	2018.3.30	2018.5.28	58日
FROTEO	2018.6.30	2018.7.11	10日
エムケイシステム	2018.6.21	2018.7.30	38日
クレアホールディングス	2018.6.30	2018.8.2	32日
ソルガム・ジャパン・ホールディングス	2018.6.29	2018.7.30	30日
ブロードメディア	2018.6.29	2018.8.10	41日
省電舎ホールディングス	2018.6.27	2018.9.19	83日
地盤ネットホールディングス	2018.6.26	2018.8.20	54日
くろがね工作所	2019.2.27	2019.3.29	29日
スバル興業	2019.4.25	2019.5.30	34日
アルテリア・ネットワークス	2019.6.27	2019.8.7	40日
藤倉コンポジット	2019.6.27	2019.8.16	49日

⑵　取締役等の役員の任期

　取締役等の役員の任期は一定期間経過後の定時株主総会の終結時までとされているところ，当初の定時株主総会と継続会は法的には一体の株主総会であるから，現任役員の任期および取締役選任の決議の効力発生時は，継続会の終結時となるのが原則である。

　もっとも，実務的には，役員の異動を予定どおり6月に実施するニーズもありうる。その場合，6月の定時株主総会の日をもって現任役員は辞任し，役員選任議案の決議の効力を同日（決議日）に生じさせるという方法もある。ただし，この方法をとる場合には，3省庁連名文書も示すように，役員選任議案に係る参考書類の記載については留意する必要がある。

⑶　招集通知の記載

　監査未了で継続会を実施する場合には，招集通知作成時点で継続会の実施が決定されていることが多い。

　したがって，招集通知にも継続会の実施を前提とした各種の記載がなされる。継続会の議題は当初の株主総会の招集通知に議題として記載されていたものに限られるため[11]，継続会で報告予定の報告事項も目的事項として

記載する必要がある。

いわゆる狭義の招集通知には，継続会の案内が記載されるのが通常であり，当該案内文には，継続会を要することとなった経緯や継続会における目的事項等が記載される。また，定時株主総会の当初開催日において，継続会の日時および場所の決定（またはその取締役会への一任）を提案する予定であること，その承認後，継続会の開催通知を別途発送予定であることなどが記載されることが多い。継続会の日時および場所は，株主総会の中で出席株主の決議によって決定されるのが原則であるが（会社法317条），会場の確保など不確実性に配慮し，取締役会に一任することも多く[12]，その場合はその旨あらかじめ記載しておくこととなる。

(4)　当初開催日における対応

定時株主総会の当初開催日においては，報告事項の報告がないまま，決議事項の採決を行うこととなるため，シナリオ上も調整が必要となる。

平時であれば報告事項の報告に入るタイミングで，報告事項の報告ができない理由やその報告のために継続会を実施したい旨を説明し，招集通知の記載にも応じて，継続会の日時および場所またはこれを取締役会に一任する旨の提案につき承認を得ることになると思われる。当該提案については，出席株主の過半数によって決することとなる。書面またはインターネット等による事前の議決権行使は算入しないため，上記Ⅱのような来場自粛要請を行っても大株主の委任状等が取得できれば問題はない。

その後の決議事項の議案の上程および内容説明を行い，質疑を経て，採決を行うことと

なる。

(5)　継続会開催通知および計算書類等の提供

継続会の実施（続行）については，株主総会の決議で日時および場所も含めて決定する（または取締役会等に一任する）ため，改めて継続会のために招集手続をとる必要はないとされている（会社法317条）。

もっとも，当初開催日と継続会実施日の間隔が2週間以上空く場合，上記(1)のとおり，2週間という期間制限が説かれる理由は，2週間以上あるのであれば招集手続をやり直して招集通知を送ることができるという点にもあることから，株主に対して継続会の開催通知を送っておくこととなろう。株主数が多い会社にとっては，相応に費用が生じることになる。

また，監査が完了した後には，株主に対して，計算書類等や監査報告を提供しなければならない（会社法437条，444条6項等）。これは，本来「定時株主総会の招集の通知に際して」行われるべきものであり，継続会方式の場合，形式的にはこれに違反するようにも見えるが，少なくとも，継続会の実施日の2週間以上前に提供されていれば，株主にとって実質的な不利益はないように思われる。なお，この場合も，いわゆるウェブ開示が許容されている事項（会社法施行規則133条3項，会社計算規則133条3項および134条4項参照）は，自社ウェブサイト等による提供で構わないだろう。

(6)　その他の留意点

以上のほか，ISS等の議決権行使助言会社や機関投資家の動向も注視する必要がある。機関投資家のなかには，決算および監査の完

11　大阪株式懇談会編・前田雅弘＝北村雅史著『会社法実務問答集Ⅱ』（商事法務，2018）208頁［前田雅弘］。
12　従前より，具体的な日時・場所の決定を議長に一任することも可能であると解されているところ（上柳克郎ほか編集代表『新版注釈会社法(5)株式会社の機関(1)』（有斐閣，1986）249頁［菅原菊志］），実務上は，取締役会に一任することが多い。

了前に定時株主総会を開催する場合，株主に対する事業報告や計算書類等の提供がないまま，配当や役員選任等の議案の賛否判断を強いられることを否定的に評価しているところもあるといわれている。株主提案や委任状勧誘等がある場合はもちろん，そうでなくとも，継続会方式をとることについて株主の賛同を得ることができるか，自社の株主構成も踏まえ，あらかじめ検討しておく必要がある。

　また，招集通知作成時点で決算や監査が遅れているといっても，6月の定時株主総会までには完了する見込みである場合，その完了後ただちに追送またはウェブ開示したうえで，定時株主総会で報告を終えてしまう選択肢も検討する余地がある[13]。

　継続会方式をとるかどうかは，これらの事情も考慮して慎重に判断する必要がある。

V おわりに

　以上，COVID-19の感染拡大による混乱の中で，令和2年4月時点の状況を前提に，令和2年6月の定時株主総会の実施方法を検討するにあたっての留意事項を中心に解説した。

　COVID-19の感染拡大とこれに対する緊急事態宣言等の対応は，百年に一度，あるいは，それを上回る異例の事態であると言われる。そのため，現行会社法の規律や平時の株主総会実務を前提とした解釈論が想定していない問題に直面するのも避けがたい状況にある。

　可能な限り現状を踏まえた柔軟な法解釈を模索すべきであるが，それでもなお，形式的

には会社法の定める手続に違反しうる態様で株主総会を実施するほかない局面もありうる。令和2年6月総会シーズンにおいては，それも致し方ないとも思われる。COVID-19の感染拡大の中で，株主その他の関係者の利益に配慮しながら真摯に対応したとき，決議取消し等の法的リスクが顕在化する可能性は低いように思われる。

13　継続会方式の場合，もとより定時株主総会の招集通知に添付して計算書類等を提供することはできないところ，提供時期が定時株主総会開催日前2週間を切っていたとしても程度問題にすぎないとの評価もありうるため，決議取消しのリスクは個別具体的な事情に応じて判断することになろう。

第4章

株主総会対応②
総会準備と当日運営上の留意点

三井住友信託銀行株式会社

証券代行コンサルティング部　調査役　弁護士　須磨美月

> 新型インフルエンザ等対策特別措置法が適用されている状況においては，新型コロナウイルスのクラスター（集団）発生のリスクを可能な限り低減した株主総会運営となるようしっかりと準備を行うことが重要である。また，新型コロナウイルスの影響による異例事態に対しては，柔軟かつ臨機応変な対応が必要となる。

I 株主総会を取り巻く状況と政府の姿勢

　令和2年4月7日，政府より，埼玉県，千葉県，東京都，神奈川県，大阪府，兵庫県および福岡県を対象に緊急事態宣言が発出され，各都府県知事において外出の自粛要請，多数の者が利用する施設に対して使用制限，催物（イベント）の開催の制限等を要請することができるようになった（新型インフルエンザ等対策特別措置法（以下「措置法」という）45条）。また，厚生労働省が策定している「新型コロナウイルス感染症対策の基本的対処方針」（新型コロナウイルス感染症対策本部，令和2年3月28日公表，令和2年4月16日変更）では，対象区域に属する都道府県は，まん延の防止に関する措置として，措置法45条1項に基づく外出の自粛等について協力の要請の上，同法24条9項に基づく施設の使用制限の要請を行い，感染の拡大につながるおそれのある催物開催の自粛の要請を行うものとされている。これを受け，たとえば東京都では，措置法24条9項に基づき，施設管理者もしくはイベント主催者に対し，施設の使用停止もしくは催物の開催の停止を要請するとともに，屋内外を問わず，複数の者が参加し，密集状態等が発生するおそれのあるイベント，

パーティ等の開催についても，自粛を要請している（東京都「新型コロナウイルス感染拡大防止のための東京都における緊急事態措置等」（令和2年4月10日））。この点，株主総会は，株主だけが入場を許された1カ所の会場に，役員，株主，スタッフが集合し議事を行う会議体であり，その形式のみにおいては，感染の拡大につながるおそれのある催物として開催の制限の対象に該当する。

　もっとも，株主総会は，会社法により毎事業年度終了後一定の時期に招集することが求められているものであり（会社法296条1項），会社の運営上，開催を回避することは難しい。本章では，このような措置法が適用されている状況において，株主総会前日までの準備および株主総会当日の運営の留意点について紹介する。

　なお，本章における意見にわたる部分は筆者の個人的な見解に基づくものであり，筆者の所属する団体の見解ではないことに留意いただきたい。

II 株主総会前日までの準備における留意点

1　株主総会開催の検討
　まず，措置法の要請に従い定時株主総会の

開催を自粛するという選択肢は採りえない。株主総会は，毎事業年度終了後一定の時期に招集することを求められている（会社法296条1項）。仮にこれを開催しない場合，株主総会で剰余金の配当決議を行う会社では配当を行うことができないこととなるほか，役員の任期が満了する会社においては，本来，任期が満了する「定時株主総会の終結の時」（会社法332条1項）が到来せず，任期が不当に長く継続することになってしまうが，このような状態で役員が会社の業務執行等を担っていくことは会社法上想定されていないため，なるべく法の求める「事業年度終了後一定の時期」に株主総会を開催する必要がある。

　この点，法務省は，新型コロナウイルス感染症に関連し，定款で定めた時期に定時株主総会を開催することができない状況が生じた場合には，その状況が解消された後合理的な期間内に定時株主総会を開催すれば足りるとし，定款に定めた基準日から3カ月以内に定時株主総会を開催できない状況が生じたときは，新たに議決権行使のための基準日を定め，当該基準日の2週間前までに当該基準日および基準日株主が行使することができる権利の内容を公告した上で（会社法124条3項本文），定款に定めた基準日から3カ月以上経過した日に株主総会を開催することが可能であるとする[1]。

　ただし，措置法が適用されている状況においては，例年と同様の株主総会ではなく，措置法の趣旨に則り，まん延防止のため「3つの密」（換気の悪い密閉空間，多数が集まる密集場所，間近で会話や発声をする密接場面）を避け，クラスター（集団）発生のリスクを可能な限り低減した株主総会運営となるような工夫が必要である。そのために検討すべき事項として，規模の縮小，時間の短縮，懇談会・説明会やお土産の中止，書面・インターネットによる議決権行使の推奨，インターネットライブ中継，バーチャル株主総会の開催等が考えられる。

2　株主総会前日までの準備項目

　措置法が適用されている状況において株主総会を開催するにあたっては，株主総会当日，クラスター（集団）発生のリスクを可能な限り低減しつつ，迅速かつ円滑に議事運営を行えるようあらかじめ準備しておく必要がある。そのような準備にあたって検討を要する事項として，次頁【図表1】の①から⑦の事項が考えられる。

(1)　①株主総会招集通知

　まず，株主総会招集通知に，新型コロナウイルス感染症への対策を記載することが考えられる。ただし，新型コロナウイルス感染症をめぐる状況は刻一刻と変化しており，株主総会招集通知の校了時点から株主総会開催までの間に事情が変化している可能性も考えられる。そこで，対策の主要な点のみの記載に留め，具体的な事項やその後の変更は会社のウェブサイトに掲載する旨を記載する対応も考えられる（次頁【図表2】参照）。

　記載場所としては，狭義の招集通知の欄外の脚注部分や，表紙，末尾の会場案内図の下等が考えられる。また，あわせて会社のウェブサイトの株主総会に関するページのURLを付記し，同ページに記載したより詳細な対策について閲覧を促すことが考えられる。

　その内容としては，新型コロナウイルス感染症対策として，「出席を検討している株主においては健康状態に留意の上，体調がすぐれない場合には来場を自粛されたい」旨等の

1　法務省「定時株主総会の開催について」（令和2年2月28日公表，令和2年4月2日更新）。

【図表1】株主総会前日までに検討すべき事項

	検討事項	内　容
①	株主総会招集通知	・　一定の場合における株主への来場・自粛の要請等，総会当日の会社の対応についての記載 ・　議決権の事前行使をお願いする旨の記載 ・　株主懇談会・会社説明会の中止やお土産の取りやめなどの案内 ・　新型コロナウイルス感染症の影響を事業報告に反映
②	議事進行要領 （シナリオ）	・　スタッフ（受付係・会場係・事務局等）や出席役員のマスクの着用，株主にマスクの着用を促す旨の言及 ・　シナリオの簡素化 ・　質疑応答時間の短縮化 ・　議長や担当役員が欠席となる場合に，代わりの議長や回答担当者を決めておく
③	想定問答	・　新型コロナウイルス感染症の拡大との関係で，当社の置かれた状況に応じて想定問答を準備
④	株主懇談会・会社説明会の開催	・　総会終了後に開催している会社では，開催の中止を検討
⑤	お土産	・　配布している会社では，取りやめ等を検討
⑥	ライブ配信・録画掲載	・　株主総会の模様をインターネットでライブ中継することの検討 ・　総会終了後に総会の録画をウェブサイトに掲載することの検討
⑦	バーチャルに向けた準備	・　株主がバーチャルの方法により出席または参加する場合の準備 ・　役員がバーチャルの方法により出席する場合の準備

【図表2】招集通知への記載例[2]

新型コロナウイルス感染予防に関するお知らせ

　本株主総会にご出席される株主様は，株主総会開催日現在の感染状況やご自身の体調をお確かめのうえ，マスク着用などの感染予防にご配慮いただき，ご来場賜りますようお願い申し上げます。特に，ご高齢の方，持病をお持ちの方，妊娠されている方は，ご出席について十分にご検討をお願い申し上げます。

　会場の当社スタッフは検温を含め体調を確認のうえ，マスク着用で応対いたします。会場内には株主様のための消毒液を設置いたします。また，ご来場の株主様で体調不良と見受けられる方には，当社スタッフがお声掛けをして入場をお控えいただくことがございます。その他にも感染予防のための措置を講じておりますので，ご理解ならびにご協力をお願い申し上げます。

　今後の状況により株主総会の運営に大きな変更が生ずる場合には，下記ウェブサイトにおいてお知らせいたします。

https://www.xxxxxxxxxxxxxxxx.jp/

　また，株主総会の議決権行使は，書面またはインターネットによる方法もございますので，併せてご検討の程よろしくお願い申し上げます。

来場自粛の要請，マスク着用やアルコール消毒液の利用をお願いする旨，当日の株主総会運営スタッフがマスクを着用している旨等総会当日の会社の対応について記載することが考えられる。また，書面やインターネットによる議決権の事前行使の促進や，株主懇談会もしくは会社説明会の中止，お土産の取りやめ，時間短縮の方針に基づく実施について案内することも考えられる。

また，事業報告において，「事業の経過及びその成果」，「対処すべき課題」（会社法施行規則120条1項4号，8号）として，新型コロナウイルス感染症の事業への影響や対策について記載することも考えられる。

(2) ②議事進行要領（シナリオ）

措置法が適用されている状況では，株主総会当日は，クラスター（集団）発生のリスクを可能な限り低減した運営を行うことが最も重要となる。株主総会当日における濃厚接触を避ける観点から[3]，議事進行要領を簡素化し，株主総会出席者相互の接触時間を可能な限り縮減することを検討する必要がある。

具体的には，開会宣言後の議長就任の根拠となる定款についての言及を割愛すること，前日までの議決権行使の結果（人数，個数の詳細）の言及は割愛し，定足数を満たしている旨のみの言及とすることが考えられる[4]。

また，事業報告や計算書類の内容の報告について主要な部分についてのみ言及し，その余の部分を割愛する対応，飛沫感染防止の観点から，報告部分のナレーションを準備しておき，当日は言及に替えてこれを再生する対応が考えられる。この点について動画を上映している会社においては，その動画をウェブサイトで配信することとし，当日の上映は割愛してもよいとされる[5]。

さらに，監査役・監査等委員・監査委員（以下，これらをまとめて「監査役等」という）による監査報告の読み上げを割愛し，議長から「連結計算書類の監査結果はお手元の招集ご通知○頁記載のとおりでございます」と簡潔に言及する取扱いが考えられる。この点，単体の計算書類の監査結果は株主総会提供書類ではないため（会社法437条），すべて割愛して差し支えない。

一括審議方式を採用すること等の議事進行の方法について議場に諮る取扱いを割愛することが考えられる。質疑応答については，株主に対する説明義務（会社法314条）の観点から割愛することはできないが，質疑応答の対象を本来説明義務を負う事項である報告事項および決議事項に関する質問のみに限定することとし，質問数を合理的な範囲で打ち切ることも考えられる。この点，経済産業省および法務省が「株主総会運営に係るQ&A」の中で，議事の時間を短くすることを株主総会時間の短縮の方策の1つとして紹介している（Q5，令和2年4月14日更新）。

シナリオには，スタッフ（受付係・会場係・事務局等）や出席役員がマスクを着用している旨や，株主にマスクの着用を促す旨の言及を加えることが考えられる。あわせて，円滑かつ迅速に議事を進行する観点から所要時間が長くならないよう協力を求めることについて言及を加えることも考えられる。このほか，可能な限り報告事項についての言及を割愛すること，決議の方法を簡潔にするこ

2　狭義の招集通知の後に「お知らせ」を記載した記載事例として，株式会社東京ドームの事例がある（「第110回定時株主総会招集ご通知」2020年4月7日）。なお，【図表2】は同社のお知らせを参考に作成したもの。

3　対面で互いに手を伸ばしたら届く距離で一定時間以上接触があった場合に濃厚接触者と考えられている（厚生労働省「新型コロナウイルスに関するQ&A（一般の方向け）」（令和2年4月24日時点版）第3問（新型コロナウイルス感染症の予防法））。

4　倉橋雄作「新型コロナウイルス感染症と総会開催・運営方針の考え方―リスク管理のあり方が問われる2020年定時株主総会―」旬刊商事法務2227号22頁。

5　倉橋・前掲注4・22頁。

【図表3】 議事進行要領（シナリオ）文例─開会宣言前の事務局または議長の発言を想定

現在，新型コロナウイルス感染症の流行拡大が続いておりますので，本総会では株主の皆様および当社役職員の健康に配慮して，当社の役員およびスタッフがマスクを着用しております。ご理解いただきたくお願い申し上げます。

株主の皆様におかれましても，マスクの着用にご協力くださいますようお願い申し上げます。

本日の総会は，新型コロナウイルスの感染防止の観点から，円滑・迅速に議事を進行し，当社からのご報告を簡潔にさせていただくことにより，所要時間が長くならないよう努めてまいりたいと存じますので，株主の皆様には，ご理解・ご協力をいただきたく，お願い申し上げます。

また，ご質問につきましては，株主の皆様が直接マイクに触れることがないよう，スタンドマイクをご利用いただくことにいたしておりますので，ご理解いただきたく，お願い申し上げます。

と，質疑応答の時間を短縮して行うこと等についてあらかじめ一括して議場に諮っておき，出席株主の信任を得た上で迅速な議事運営を実践することも考えられる。

(3) ③想定問答

新型コロナウイルス感染症は世界的に拡大しており，世界経済や企業業績に甚大な影響を与える重大な懸念事項となっていることは疑いようがない。このような新型コロナウイルスが上場会社の事業運営にもたらす影響は，株主にとって重要な関心事であり，いかに株主総会の短縮化を図ろうとも，株主からこれに関する質問がなされることが予想される。そこで，新型コロナウイルス感染症に関連して，会社の置かれた状況に即した想定問答を準備することが有用である。

この点，たとえば，3月決算会社の場合，令和2年度の第1四半期決算が公表されるまでは，新型コロナウイルス感染症発生の業績への影響を説明できない場合も考えられる。ただ，このような新型コロナウイルス感染症に関するリスク情報については，東京証券取引所が，決算短信・四半期決算短信の添付書類等において記載するなど，有価証券報告書の提出に先立つ適時適切な情報開示を求めており，このような要請に従いあらかじめ開示を行っておくことで，株主総会においても適切

な説明が可能となるため，可能な範囲で早めの情報開示を行っておくことが望ましい[6]。

株主総会において想定されるものとしては，【図表4】のような質問が考えられる。

なお，回答の作成にあたっては，情報開示との関係でインサイダー取引規制およびフェアディスクロージャールールへの抵触に留意する必要がある。

【図表4】 株主総会において新型コロナウイルスに関連して想定される質問

- 新型コロナウイルス感染症の収束の兆しが見えないが，業績に与える影響をどう考えているのか。
- 新型コロナウイルス感染症が流行しているが，事業継続プラン（BCP）を策定しているのか。
- ヨーロッパに製造・販売拠点を構えているが，現地の事業活動の状況はどうなっているのか。
- 海外から輸入する部品の調達が滞っているため，国内工場を一時休止したと報道された企業もある。当社も海外企業から部品を調達しているが，生産計画等に支障は生じていないのか。
- 当社のサプライチェーンに影響は生じていないのか。
- 当社の役職員の感染を防止するためにどのような取組みをしているのか。

6　東京証券取引所「新型コロナウイルス感染症に関するリスク情報の早期開示のお願い」（令和2年3月18日公表）。

(4) ④株主懇談会・会社説明会の開催

措置法が適用されている状況における株主
総会では，クラスター（集団）発生のリスク
の低減の観点から，来場者を抑制するととも
に，来場者が同一の空間で過ごす時間を極力
短縮することが重要となる。

そこで，株主にとって有益な情報やサービ
スが提供されることが期待され，株主総会に
出席する動機となっている株主懇談会や会社
説明会を中止することが，リスク低減の観点
において有用である。また，来場者の密集を
避けるという観点から，株主総会場の内外に
展示物等を設置することも中止することが望
ましい。このような来場者の抑制を具体的に
期待するためには，招集通知や会社のウェブ
サイト等に記載することによりあらかじめ株
主に周知しておくことが必要である。

(5) ⑤お土産

④と同様，株主総会に出席する動機となっ
ているお土産の配布についても，クラスター
（集団）発生のリスク低減の観点から，中止
の検討を行うことが考えられる。中止ではな
く，後日郵送する対応を行っている事例もみ
られる[7]。いずれにしても，お土産の株主総
会場における配布が一定数の株主にとって来
場の重要な動機づけになっている現状におい
ては，お土産を株主総会場で配布しない取扱
いとすることを，招集通知や会社のウェブサ
イト等に記載することによりあらかじめ周知
しておくことが必要である。これにより，来
場者の低減が期待できることとなる。

(6) ⑥ライブ配信・録画掲載

株主総会に出席しない株主への情報提供の
手段として，株主総会の模様をインターネッ
トでライブ中継することや株主総会後に株主
総会を録画した映像を会社のウェブサイトに
掲載することが考えられる。このような情報
提供の手段を講じ，かつ事前にこのような情
報提供があることを周知することにより，株
主総会に出席せず自宅で配信を閲覧するとい
う株主の判断が期待できる。

(7) ⑦株主総会の運営形態（バーチャルに向けた準備）

ハイブリッド型バーチャル株主総会の開催
を検討することが考えられる。株主間でのク
ラスター（集団）発生のリスクの観点から，
株主がバーチャルの方法で出席もしくは参加
する方法を検討することが考えられる（第3
章参照）。他方，外国に駐在する役員が新型
コロナウイルス感染症対策としての出入国制
限等により帰国することができない場合や，
役員自身において体調不良その他感染が疑わ
れる状況にある場合など，役員が株主総会の
場に出席することができない場合に，バー
チャルの方法で出席することが考えられる。
なお，その場合にはそのような方法で出席し
た旨を議事録に記載する必要がある（会社法
施行規則72条3項1号かっこ書）。このような
バーチャルによる出席または参加を実践する
場合には，バーチャルでの出席または参加が
安定性をもって実現できるよう，通信環境や
機材，通信が遮断された場合の代替措置等を
十分に確認しておく必要がある。

(8) その他

株式会社の役員は，株主総会において説明
義務（会社法314条）を負っていることから，

---

7 株式会社資生堂「【重要】新型肺炎対応での株主総会運営について」（令和2年3月18日）は，「お土産は当日にはお渡しせ
　　ず，議決権行使をしてくださった株主さま全員にお送りする」という取扱いを公表している。

株主総会に出席する義務があると解されている。しかしながら，正当な理由があるときは欠席することができ，役員の出席は，株主総会決議の成立要件ではないとされているため，すべての取締役や監査役が欠席していたとしても，株主総会は有効に成立し，決議をすることは可能である[8]。もっとも，実際の運営や説明義務の履行の観点から，議長を務める役員，説明義務を尽くすことのできる取締役および監査役等が出席していることが望ましいと考えられる。したがって，少なくともこれらの役員においては，株主総会までに新型コロナウイルス感染症への感染リスクを負わないようにすることが重要である。

具体的には，株主総会までは取締役および監査役を全員が同じ部屋に集合しての会議の開催を避け，電話会議やインターネット会議とする運用とする，スプリット体制の構築による交代制による執務や在宅での執務とする，私用であっても都道府県により自粛を要請されているような場所やイベントには行かないようにするなど，感染リスクをできる限り低減するための取組みを実践することが重要である。

3 株主総会の招集までに計算書類の監査・承認が終了していない場合

株主総会の招集の通知に際して，株主総会の日の2週間前までに，連結・単体の計算書類，事業報告，監査報告および会計監査報告を提供しなければならない（会社法299条1項，437条）。しかしながら，新型コロナウイルス感染症の影響により決算や監査の手続が遅延し，これらの書類を招集通知とともに提供できない場合が想定される。

決算の手続が遅延する場合には，決算が確定しないことにより分配可能額が判明しないことから，剰余金の配当議案の付議を差し控えることを検討することが考えられる。

連結・単体の計算書類の提供が間に合わない場合，予定された株主総会の日においては，決議事項の決議のみを行い，事業報告，連結・単体の計算書類，監査結果の報告は，継続会を開催して行うこととなる。このような場合，予定された株主総会の日にこれらの議事を行わず，株主総会の延期の決議をし，延会とすることも可能であるが，配当金支払事務の観点や，役員選任議案を適時に決議する必要性から，決議事項は可能な限り当初の株主総会の日に行っておくことが望ましいといえ，継続会とするのが合理的である。

継続会または延会を行う場合には，株主総会において，続行または延期の決議をする（会社法317条）。継続会・延会は当初の株主総会と同一性を保持するという建前から，当初の株主総会後相当期間間内に開催される必要があり，この相当期間を2週間とする考え方が通説とされる[9]。もっとも，新型コロナウイルス感染症の影響が2週間で解消することは現実的とはいえず，やむを得ずより長い期間を要することが想定される。この点，金融庁が発表した「新型コロナウイルス感染症の影響を踏まえた企業決算・監査及び株主総会の対応について」[10]では，継続会の開催時期について「当初の株主総会の後合理的な期間内」とされており，必ずしも上記の通説に捉われず，現状に即して検討することとなろう。なお，過去の事例では1カ月後に開催した例もみられる。

連結計算書類の監査が遅延しているが，株主総会の日の2週間前までに監査報告の提出が見込まれる場合には，招集通知の早期発送

8 中村直人『株主総会ハンドブック［第4版］』（商事法務，2016）369〜370頁。
9 中村・前掲注8・408〜409頁。
10 金融庁「新型コロナウイルス感染症の影響を踏まえた企業決算・監査及び株主総会の対応について」（新型コロナウイルス感染症の影響を踏まえた企業決算・監査等への対応に係る連絡協議会，令和2年4月15日）。

をしないこととし，法定期間の限りにおいて招集通知の発送を待つことが考えられる。印刷や封入に間に合わないことが見込まれる場合には，連結計算書類と監査報告をウェブ開示とし，印刷および封入の対象としない取扱いも考えられる[11]。

 株主総会当日における留意点

1　会場の設営の留意点

措置法が適用されている状況においては，クラスター（集団）発生のリスクを可能な限り低減した株主総会運営を行うことが最も重要となることは，前述したとおりである。そこで，株主総会当日は，株主総会場における感染リスクを可能な限り低減するための取組みが重要となる。具体的な取組みとして，次頁【図表5】の①から⑦が考えられる。

(1)　受付運営の留意点

受付に，アルコール消毒液，株主用マスクを用意しておくことが考えられる（同①③）。もっとも，新型コロナウイルス感染症の拡大が進む状況では必ずしも十分な数のマスクを準備することができないことが想定されるため，招集通知等により株主にはマスク着用での出席を促し，希望があれば渡すという取扱いとするのが現実的であろう。また，受付スタッフのマスクの着用はもちろん，手袋の着用や，受付スタッフ側と来場者側とをアクリル板等で遮断することによる感染リスク低減

を図る運用とすることも考えられる（同②）。

非接触型の体温計やサーモグラフィカメラを設置したうえ，発熱症状がみられる株主については入場の自粛を求める，または第二会場等株主総会場以外の場所に誘導する等の対処が考えられる（同④）[12]。この点，経済産業省および法務省は「株主総会運営に係るQ&A」の中で，新型コロナウイルスの感染拡大防止に必要な対応をとるために，ウイルスの罹患が疑われる株主の入場を制限することや退場を命じることも可能とする（Q4）。発熱症状等により，新型コロナウイルス感染症の罹患が疑われる株主についても同様に，株主総会場への入場の自粛を要請し，要請に応じない場合には入場の拒絶や退場命令を行うこととなろう。

入場の拒絶や退場命令を行う場合，当該株主の議決権行使の機会を保障する必要があるが，書面またはインターネットによる行使は前日で行使が締め切られているため，委任状の提出をもって担保することが考えられる[13]。

(2)　株主総会場における運営の留意点

新型コロナウイルス感染症は，飛沫感染と接触感染の2つの感染形態があるとされており，感染を注意すべき場面として，屋内などで，お互いの距離が十分確保できない場所で一定時間を過ごすときとされている[14]。そこで株主総会場では，役員・会場スタッフのマスク着用のほか，株主席の間隔を十分に空け，入場の際の誘導も，「余裕をもってご着席ください」旨の誘導とする取扱いが考えら

11　倉橋・前掲注4・24頁。
12　大阪株式懇談会編『会社法　実務問答集I（上）』（商事法務，2017）は，新型インフルエンザへの感染の顕著な症状のある株主について，株主総会場への入場の自粛を要請し，要請に応じない場合には一定の区画内に着席することを求め，それにさえ応じない場合には，他の株主が平穏に議事に参加できるようその者の入場を拒み，または退場を命じることができるとする（229頁［前田雅弘］）。新型コロナウイルス感染症の場合，同一の会場内への着席を求めることは平穏な株主総会運営を実現できない蓋然性が高くなるものと考えられるため，入場の拒絶や退場命令を検討することとなろう。
13　倉橋・前掲注4は，委任状勧誘規制が問題となりうるが，そもそも「勧誘」（金融商品取引法施行令36条の2第1項）でないと整理する余地もあり，また仮に勧誘に該当するとしても，招集通知を参考書類として交付し，かつ，議案ごとの賛否記入を可能とする委任状（同条5項，上場株式の議決権の代理行使の勧誘に関する内閣府令43条）を用意するなどすれば，規制は遵守可能とする（19頁）。
14　厚生労働省・前掲4・第2問（新型コロナウイルスについて）。

【図表5】　株主総会当日の運営に関する検討事項

	実施事項	内　容
①	アルコール消毒液の設置	会場入り口などに設置
②	役員・スタッフのマスク着用	受付係・会場係など株主と直に接するスタッフの着用 登壇役員・事務局スタッフの着用
③	株主用マスクの用意	マスク配布の方針
④	感染が疑われる株主のチェック	非接触型の体温計，サーモグラフィカメラの設置
⑤	株主席の設営	株主席同士の間隔，議長席と最前列株主席の間隔の確保， 誘導方法の工夫（余裕をもって着席する旨の案内など）
⑥	株主用マイク	ハンドマイクに代えてスタンドマイクの使用， 発言の都度，マイクの除菌
⑦	飲料の提供	ドリンクサービスの見直し，紙パックやペットボトルでの提供， または中止

れる（【図表5】②⑤）。株主同士の間で確保すべき間隔としては，濃厚接触の要素の1つである，「対面で互いに手を伸ばしたら届く距離」が参考となろう。また，感染者のくしゃみ，咳，つばなどの飛沫からの感染を防止するため，飲料の提供方法をそのような飛沫の入りやすいカップやグラス等ではなく，ペットボトルや紙パックとするか，もしくは飲料の提供を中止とする運営とすることが考えられる（同⑦）。

株主の発言の際に使用するマイクについても，飛沫や接触による感染の媒体となる可能性がある。そこで，株主がマイクに触れずに発言できるようハンドマイクではなくスタンドマイクを利用することとし，スタンドマイクを設置した発言席への移動の上，発言を行う運営とすることが感染リスク低減のために有効と考えられる（同⑥）。また，その際飛沫感染防止の観点から，発言ごとにマイクを消毒する処置を行うことが望ましい。

2　異例対応

新型コロナウイルス感染症に関連して想定される株主総会当日の異例事態として，①議長が出席することができない場合，②株主総会が使用できなくなった場合，③株主総会中に感染が強く疑われる株主が発生した場合が考えられる。

(1)　議長が出席することができない場合

議長が新型コロナウイルスへの感染または感染が疑われる場合や濃厚接触者となった等の事情から株主総会に出席することができなくなった場合，議長は株主総会に出席できる役員のうち，取締役会においてあらかじめ定められた順序における次順位の取締役が務めることとなる。このような場合が確実に発生しないと言い切れない状況においては，議長が出席できない場合のシナリオをあらかじめ準備しておく必要がある。

なお，このような場合でも，当初議長を務める予定であった者が遠隔地からバーチャルの方法で出席することは可能であり，説明義務のある役員としてバーチャルの方法で出席することが考えられる。議長がバーチャルの方法で出席の上，遠隔地から議事運営を行うことについては，会社法上否定されているわけではないが，動議対応や退場命令を含めた議事整理権を適切に行使するためには，リアル株主総会の現場で対応することが望ましい

と考えられる。

監査報告を行う予定であった監査役等が同様の事情で出席することができない場合，他の監査役等が監査報告を行うこととする取扱いが可能である。また，監査報告自体を議長が簡潔に行う取扱いも考えられる（本章Ⅱ2(2)参照）。

(2) 株主総会場が使用できなくなった場合

新型コロナウイルス感染症の影響等により，招集手続後に予定していた株主総会場が開催直前になって使用できなくなる場合が想定される。このような場合には，予定していた株主総会場の近隣の施設や社内施設等，代替会場の手配を行い，開催場所の変更を行う。

新会場の選定にあたっては，定款で招集地を制限している場合には，定款に定められた招集地内でなければならないことに留意を要するが，そうでなくとも，このような急な変更の場合にはできる限り旧会場の近くに設定する必要があろう[15]。

このような場合には，会社のウェブサイト等で株主に会場変更を周知する，当初の株主総会場に代替会場の案内を掲示するとともにスタッフを配置し，代替会場に適切に株主を誘導する，このような誘導および移動に必要な時間だけ株主総会の開会時刻を繰り下げるという措置が必要となる。また，当初の株主総会場の最寄駅や最寄駅から会場に至る道程等にスタッフを配置し，より合理的に誘導を行える方法を検討することも考えられる。

(3) 株主総会中に感染が強く疑われる株主が発生した場合

何らかの事情で株主総会中に株主席の株主において感染が強く疑われる事情が発生した場合には，速やかに任意の退場を促すこととなる当該株主において自発的な退場が期待できない場合には，議長において速やかに退場の要請を行うとともに，さらにこれに従わない場合には退場命令（会社法315条2項）を行うべきであると考えられる。（本章Ⅲ1(1)参照）。

Ⅳ 株主総会終了後の実務

株主総会終了後は，遅滞なく臨時報告書を提出することが求められている（金融商品取引法24条の5第4項）。また，大多数の株式会社では株主総会後に有価証券報告書等（有価証券報告書および内部統制報告書）の提出が行われている。新型コロナウイルス感染症の影響により，このような有価証券報告書等の提出がやむを得ず遅滞することが考えられる。

金融庁は，企業内容等の開示に関する内閣府令等を改正し，このような有価証券報告書等の提出期限について，企業側が個別の申請を行わなくとも一律に令和2年9月末まで延長することとした。また，臨時報告書について，新型コロナウイルス感染症の影響により作成自体が行えない場合には，そのような事情が解消した後，可及的速やかに提出することで，遅滞なく提出したものと取り扱われることとなった[16]。

15　東京弁護士会会社法部編『新・株主総会ガイドライン［第2版］』（商事法務，2015）6頁。
16　金融庁「新型コロナウイルス感染症緊急事態宣言を踏まえた有価証券報告書等の提出期限の延長について」（令和2年4月14日公表）。

第 5 章

取締役会・監査役会等・指名・報酬委員会の開催に係る留意点

日比谷パーク法律事務所
弁護士 松山 遙

　感染症の影響により外出自粛が要請されるなどの非常事態においては，取締役会・監査役会・各委員会の開催スケジュールおよび開催方法を見直す必要が生じる。開催スケジュールの見直しにあたっては，会社法上必要とされる決議・報告事項の有無を検討すべきである。また，開催方法については，電話・テレビ会議の方式のほか，取締役会は書面決議も認められており，会議開催の必要性を踏まえつつ適切な方法を選択すべきである。

I　はじめに

　新型コロナウイルスの感染拡大防止のため，3密（密閉・密集・密接）を避けることが強く要請される中，企業における各種の会議の開催スケジュールや開催方法についても検討する必要がある。

　日常業務における対応については第1章で，株主総会における対応については第3・4章で解説されているとおりであるが，本章では，取締役会，監査役会（監査等委員会・監査委員会を含む）および指名・報酬に係る委員会における対応について検討する。

　株式会社では，1人または2人以上の取締役を置くことが求められているほか（会社法326条1項），どのような機関設計を選択するかは各社の判断に任せられており，上場企業では，①監査役会設置会社，②監査等委員会設置会社，③指名委員会等設置会社のいずれかの機関設計を選択している。監査役会，監査等委員会および監査委員会の職務はほぼ共通しており，指名委員会等設置会社の場合のみ，指名委員会および報酬委員会を設置することが義務づけられている。もっとも，近年

では，監査役会設置会社および監査等委員会設置会社でも，コーポレートガバナンス・コードの要請を受けて，任意の指名・報酬に係る諮問委員会を設置していることが多い。

　これに対し，非上場企業においては，指名・報酬委員会はもとより，法定の監査役会も設置している例は少ない。ただし，監査役を複数選任して監査役会に代わる任意の監査役会議を設置していることもある。

　会社法で設置を義務づけられた会議体においては，決議しなければならない事項が法定されており，その開催方法についても一定の制約が設けられている。任意の諮問委員会については，決議事項や開催方法について法定されていないものの，法定の会議に準じた形で運営されている。

　本章では，新型コロナウイルスやその他の感染症により人の物理的移動について大きな制約がかかった場合に，これらの会議体の開催スケジュールを見直すことができるのか（開催頻度を減らすことができるのか），どのような開催方法が認められているのか，開催する場合の留意点などについて解説する（なお，本章においては，原則として監査役会設置会社を想定して解説しているが，監査役会の開

催頻度・開催方法に関しては，監査等委員会・監査委員会においても概ね同様である）。

Ⅱ 取締役会

1 開催スケジュール

(1) 平時の開催スケジュール

　一定の規模の株式会社にあっては，上場・非上場を問わず，取締役会を設置している例がほとんどであり，月に1回の定例取締役会のほか，株主総会の招集決定，株主総会直後，四半期ごとの決算などのタイミングに合わせて取締役会を開催している例が多い。

　一方，監査等委員会設置会社・指名委員会等設置会社という機関設計を選択し，重要な業務執行の決定を大幅に経営陣（業務執行を担当する取締役・執行役など）に委任している場合には，定例取締役会の開催頻度を少なくしている例も見られる。それでも四半期に1回は定例取締役会を開催している。

　多くの株式会社でこのような開催スケジュールが組まれているのは，会社法が，機関設計に応じて必ず取締役会で決議しなければならない事項を定めているからである。

　監査役会設置会社においては，重要な財産の処分・譲受け，多額の借財，重要な使用人の選解任，重要な組織変更，内部統制システムの整備，その他の重要な業務執行について，取締役に委任することはできず，必ず取締役会で決定しなければならないとされている（会社法362条4・5項）。そのため，重要な業務執行を適時適切なタイミングで決議するためには，少なくとも月に1回は取締役会を開催することが必要であるとして，毎月定例取締役会が開催されることが多い。

　これに対し，監査等委員会設置会社・指名委員会等設置会社では，重要な業務執行の決定を大幅に経営陣に委任することができるた

め，臨機応変な経営判断をするために毎月1回の開催を定例化する必要がない。そのため，これらの機関設計を選択した会社では，取締役会の開催頻度を少なくすることが可能となっている。

　もっとも，機関設計にかかわらず，取締役会設置会社の代表取締役および業務執行取締役は，3カ月に1回以上，自己の職務の執行の状況を取締役会へ報告しなければならない（会社法363条2項）。特にモニタリング型のガバナンス体制を選択した場合には，社外取締役の参加する取締役会に職務執行状況を報告し，会社の業務状況について情報提供することが重要である。そのため，重要な業務執行の決定を委任できる監査等委員会設置会社・指名委員会等設置会社においても，3カ月に1回以上のペースで取締役会を開催しているものである。

(2) 取締役会で決議しなければならない事項

　監査役会設置会社においては，重要な業務執行については取締役会で決議しなければならないとされているため（会社法362条4・5項），「重要」と判断される業務執行を決定・実行する場面では必ず取締役会を開催しなければならない。仮に万が一，取締役会決議を経ずに実行した業務執行について，後から「重要」なものであったと判断された場合には，当該業務執行を取締役会決議をとらずに実行した取締役の行為は法令違反に該当してしまう。そのため，各社の定める取締役会付議基準は，会社法が求めるレベルよりも保守的に作成されていることが多い。

　また，機関設計にかかわらず，代表取締役および業務執行取締役からの職務執行状況報告のため，3カ月に1回以上のペースで取締役会を開催する必要がある（会社法363条2項）。

　そのほかにも，会社法では，取締役会で必ず決議しなければならない事項がいくつか定

められており，それらを決定するタイミングでは必ず取締役会の決議をとる必要がある。

まず，株式会社においては，毎事業年度の終了後一定の時期に定時株主総会を招集しなければならない（会社法296条1項）。株主総会を招集する場合には，①株主総会の日時・場所，②株主総会の目的事項，③書面投票・電子投票制度を採用する場合にはその旨，④その他法務省令で定める事項を決定しなければならず（会社法298条1項），この決定は取締役会の決議によらなければならない（同条4項）。また，定時株主総会においては，事業報告・計算書類を提出・提供して報告する必要があるが（会社法438条3項，439条），株主総会に提出・提供するのに先立ち，取締役会の承認を受けなければならない（同436条3項）。そのため，定時株主総会の招集を決定するタイミング（3月決算の企業では5月上旬から中旬）で取締役会を開催し，事業報告・計算書類を承認し，定時株主総会の招集事項を決議している。

また，取締役会設置会社においては，代表取締役・業務執行取締役の選定についても取締役会で決議しなければならない（会社法362条2項3号，363条1項2号）。そのため，定時株主総会で取締役が選任された後，速やかに取締役会を開催し，代表取締役・業務執行取締役を選定している。

さらに，競業取引・利益相反取引を行う場合には，取締役会において当該取引につき重要な事実を開示し，その承認を受けなければならず（会社法356条1項，365条1項），取引を実行した後には，遅滞なく，当該取引についての重要な事実を取締役会に報告しなければならない（同365条2項）。

そのほか，多くの上場企業においては，四半期ごとの決算に合わせて取締役会を開催している。これは，上場企業においては，決算確定後ただちに（事業年度の末日から45日以内）に決算を公表し（東京証券取引所有価証券上場規程404条），事業年度の末日から3カ月以内に有価証券報告書を開示すること（金融商品取引法24条）などが求められているためである。会社法では，四半期報告書・有価証券報告書の提出あるいは決算短信の開示について，取締役会の決議を必要とする定めは設けられていないものの，多くの上場企業において，市場に対する情報開示の重要性に鑑み，有価証券報告書・四半期報告書や決算短信の開示等を取締役会の決議事項または報告事項とする付議基準を定めている。

(3) 開催スケジュールの見直し

㋐ 決議・報告しなければならない事項の有無で検討する

前記のとおり，会社法では，一定の事項については必ず取締役会で決議すべきと規定されており，多くの株式会社においては，会社法その他の法規制や各社の実情を勘案しながら，取締役会付議基準を定めている。

そのため，感染症の影響により強く外出自粛を求められるといった非常事態において，取締役会の開催頻度を減らすことを検討する場合には，予定されたタイミングに取締役会を開催して決議しなければならない事項があるのかどうかを検討する必要がある。

まず，株式会社においては，年に1回の定時株主総会は極めて重要であり，新型コロナウイルスの感染拡大に伴い，株主総会の延期・継続会については許容されるとしても，開催自体を中止することは考えられない。そのため，定時株主総会の招集決定および事業報告・計算書類の承認の取締役会は必ず開催する必要がある。

また，定時株主総会で取締役が改選された場合には，速やかに代表取締役・業務執行取締役を選定する必要があるから，総会終了直後の取締役会も開催する必要がある。

それ以外の定例取締役会については，仮に取締役会で決議しなければならない重要な業務執行や競業取引・利益相反取引がないということであれば，毎月開催する必要はない。ただし，3カ月に1回以上の業務執行報告が義務づけられているため，3カ月に1回の割合で取締役会を開催することは必要である。

以上のとおり，取締役会において決議しなければならない事項・取締役会で報告すべき事項の有無を検討したうえ，感染拡大を防止するべき必要性を考慮して，取締役会を開催すべきかどうかを決める必要がある。

(イ) 「重要な業務執行」に該当するか否か

新型コロナウイルスその他の感染症により事業活動が事実上停止している場合には，前向きなビジネスとしての「重要な業務執行」はさほど多くないと考えられるものの，緊急事態宣言等が長期にわたることになれば，その間に事業の撤退・縮小その他の重要な経営判断が必要となることも考えられる。

前述したとおり，「重要な業務執行」に該当するにもかかわらず，取締役会決議をとらずに実行してしまうと，後から取締役の法令違反であると指摘されるリスクがあるため，「重要な業務執行」に該当する可能性の高い経営判断については，取締役会を開催して審議したうえで決議をとることが望ましい。

しかし，「重要な業務執行」に該当するかどうかの判断には解釈の幅があり，判断に迷うケースもありうる。多くの企業では，後から取締役会決議をとっていなかったことを争われるリスクを考慮し，安全ベースで取締役会付議基準を定めているため，取締役会付議基準に該当する事項であっても，会社法の解釈としては必ずしも「重要な業務執行」ではないと判断される余地もありうる。

感染症の影響により外出自粛を強く求めら

れる非常事態においては，形式的に取締役会付議基準に該当する事項であっても，感染拡大防止という観点から一時的に付議基準を緩和して解釈したり，開催に代えて書面決議を行うという選択も許容される可能性があると解される。

2　開催方法

(1)　原　則

会社法は，株主総会の招集通知において「株主総会の日時及び場所」を記載しなければならないと定め（会社法298条1項1号・299条4項），株主が一定の場所に集まるリアルな株主総会の開催を想定している。そのため，バーチャルオンリー型の株主総会は認められないと解されている[1]。

その一方，取締役会の招集通知については，会社法上，その具体的内容について特段の定めは置かれていない。もっとも，取締役会議事録の記載事項として，「取締役会が開催された日時及び場所」を記載することが求められており（会社法施行規則101条3項1号），株主総会と同様，取締役が一定の場所（本社会議室など）に集まるリアルな取締役会の開催を原則としていることは明らかである。

(2)　電話・テレビ会議

(ア)　バーチャルオンリー型の取締役会の可否

会社法は，取締役会が一定の場所において現実に開催されることを想定しているものの，すべての取締役が物理的に開催場所に出席しなければならないわけではなく，電話・テレビ会議の方式により参加することも認められている。電話・テレビ会議の方式による参加が認められるためには，出席者の音声または画像が即時に他の出席者に伝わり，適時的確に意見表明できる仕組みであることが必

1　経済産業省「ハイブリッド型バーチャル株主総会の実施ガイド」（令和2年2月26日）4頁。

要であるが[2]，近時のIT化の進展に伴い，双方向の意見交換が可能な機器も多様化しており，インターネットによるチャット等の方式も認められている[3]。

これまでの実務においては，大部分の取締役・監査役が一定の場所に集まってリアルな取締役会を開催し，開催場所に来ることができない一部の取締役・監査役が異なる場所から取締役会に参加するため，電話・テレビ会議の方式を活用するというのが一般的であり，完全にバーチャルな取締役会では，会社法上取締役会が開催されたとは評価できないとする見解が有力であった[4]。

しかし，感染症の影響により外出自粛が強く求められるなどの非常事態においては，すべての取締役・監査役が電話・テレビ会議の方式で取締役会に参加するバーチャルオンリー型の取締役会も認められるべきと考える。

前述したとおり，株主総会についてはバーチャルオンリー型の開催は解釈上許容できないとされているが，その理由として指摘されているのは，招集通知に「株主総会の日時及び場所」を記載しなければならないとする会社法の定めである。取締役会については，招集通知の具体的内容に関する会社法上の定めは置かれていないうえ，株主総会以上に機動的な運営が求められる性質の会議である以上，すべての取締役・監査役が電話・テレビ会議の方式で参加するバーチャルオンリー型の開催も認められるべきである。

(イ) バーチャルオンリー型の取締役会の開催場所

前述したとおり，取締役会議事録には「取締役会が開催された日時及び場所」を記載しな

ければならず，電話・テレビ会議の方式で参加した場合には，開催場所に存在しない取締役等が出席した方法を議事録に記載することとされている（会社法施行規則101条3項1号）。

しかし，取締役・監査役の全員がバーチャルで参加した取締役会においては，リアルな開催場所が存在しないため，取締役会議事録において「取締役会が開催された場所」をどのように記載するべきかが問題となる。

取締役会議長を出社させ，その所在場所を「開催場所」として取締役会を招集することも1つの案であるが，非常事態においては議長を含め全取締役・監査役が自宅から参加することも考えられるところであり，議長の自宅住所を「開催場所」とするのも不自然である。また，仮に何らかの事情で議長の回線が不通となった場合，その他の取締役は全員参加しているのに定足数を満たすことができないといった不都合が生じるリスクもある。

私見としては，確かに会社法施行規則では取締役会議事録に「開催された場所」を記載すべきとされているものの，当該場所に存しない取締役については「出席した方法」を記載すれば足りる以上，全取締役・監査役が電話・テレビ会議の方式で参加した場合には，「開催された場所」に代えて「出席した方法」を記載すれば足りると解するべきであり，「電話会議の方式」，「リモート会議（Microsoft Teams）」などの記載も許容されるべきと考える。そのほか，取締役・監査役との連絡調整のために取締役会事務局が出社している場合には，事務局の所在場所（本社会議室など）を「開催場所」とし，全取締役・監査役の「出席した方法」として電話・テレ

2 　川見裕之「テレビ会議システムによる取締役会の議事録」商事法務1458号41頁，「電話会議の方法による取締役会の議事録を添付した登記の申請について」（登記研究662号171頁）。

3 　落合誠一編『会社法コンメンタール8―機関(2)』（商事法務，2009）287頁，相澤哲＝郡谷大輔＝葉玉匡美『論点解説 新・会社法』（商事法務，2006）362頁。

4 　弥永真生『コンメンタール会社法施行規則・電子公告規則［第2版］』（商事法務，2015）508頁。ただし，議長の所在する場所を取締役会が開催される場所として取締役会を招集し，通信回線をつないで取締役会を開催することはできるとも解説されている。

ビ会議の方式と記載することも考えられる。

(3) 書面決議

(ア) 書面決議の要件と方法

すでに述べたとおり，会社法は，現実に一定の場所へ取締役が集まる会議を開催して決議することを原則としつつ，電話・テレビ会議の方式で参加することも認めている。さらに，所定の要件を満たした場合には，現実の取締役会を開催することなく取締役会決議がされたものとみなすこと，いわゆる決議の省略（書面決議）を認めている（会社法370条）。

書面決議を行うことができるのは，あらかじめ定款で書面決議ができる旨を定めている場合である。かかる定款の定めのある取締役会設置会社において，①取締役が取締役会決議の目的事項について提案した場合に，②当該事項について決議に加わることができる取締役の全員が書面または電磁的記録により同意の意思表示を行い，③監査役が当該提案について異議を述べない限り，当該提案を可決する旨の取締役会決議があったものとみなすことができる。

取締役会決議の目的事項の提案方法については，特段の定めはないものの，同意については書面または電磁的記録によることが求められているため，提案についても書面または電磁的記録で行うのが通例である。また，監査役から異議が出された場合には決議されたものとみなされないため，監査役から異議がない旨の回答をもらうのが通例である。すなわち，実務的には，提案者である取締役が，書面または電磁的記録により，①すべての取締役および監査役に取締役会決議の目的事項を提案し，②取締役からは同意の意思表示，③監査役からは異議がない旨の回答をもらうことによって，取締役会決議があったものと

みなされることになる。

(イ) 書面決議の運用

会社法は，書面決議が許容される決議事項について，特段の制約は設けていない。

機動的な経営判断を可能とすることが書面決議制度の目的である以上，書面決議の対象となるのは，定例取締役会を待っていたのでは機動的な判断ができない緊急案件ということになるが，それに限定されるわけではなく，定例取締役会を書面決議で済ますことも，事情によっては，許されないわけではないとされている[5]。感染症の影響により外出自粛等が強く要請されているという事情は，書面決議が許容されるための事情の1つと言えるであろう。

もっとも，書面決議を多用することは取締役会の形骸化につながるため，電話・テレビ会議の方式といった方法が採用できるにもかかわらず，安易に書面決議を行うことは避けるべきである。

取締役は，当該提案の内容そのものに反対する場合だけでなく，当該提案の内容に照らし，会議を開催して取締役が意見交換したうえで慎重に決議するべき案件であると考える場合にも書面決議に同意しないことができる。また，監査役は，当該提案の内容が法令・定款違反に該当すると判断した場合に異議を述べることができるだけでなく，当該提案の内容に照らし，当該提案を書面決議により行うことが取締役の善管注意義務に違反すると判断した場合にも異議を述べることができるとされている。

したがって，外出自粛が強く求められる非常事態であっても，後に経営判断の合理性が問われかねない重要案件については，取締役間で十分に意見交換できるような体制（実開催または電話・テレビ会議の方式）を採用する

5 　落合・前掲注3・315頁。

ことを検討すべきであり，意見の分かれる可能性が少ない議案を書面決議の対象とするといった運用が望ましい。

(4)　書面報告

　会社法は，取締役会に対する報告の省略（書面報告）も認めている（会社法372条1項）。会社法制定に伴い，書面決議制度（会社法370条）の導入とともに，書面報告についても明文化されたものである。

　書面報告については，書面決議と異なり，あらかじめ定款の定めがなくとも認められる。取締役，監査役または会計監査人が，取締役および監査役の全員に対して取締役会に報告すべき事項を報告したときは，当該事項を取締役会に報告することを要しないとされており，報告の省略が認められる事項について特段の制約は存しない。

　ただし，代表取締役・業務担当取締役による3カ月に1回以上の職務執行状況報告（会社法363条2項）については，報告の省略（書面報告）は認められず，現実に取締役会を開催して報告しなければならない（会社法372条2項）。

　そのため，いかに書面決議・書面報告を活用したとしても，3カ月に1回以上のペースで，現実に取締役が集まる方式またはテレビ・電話会議の方式のいずれかの方法で取締役会を開催することが必要である。

Ⅲ　監査役会

1　開催スケジュール

(1)　平時の開催スケジュール

　多くの株式会社では，月に1回の定例取締役会のほか，株主総会の招集決定，株主総会直後，四半期ごとの決算などのタイミングに合わせて取締役会を開催している。監査役は取締役会への出席義務を負っているため（会社法383条1項），取締役会が開催される日に合わせて監査役会を開催している例が多い。

　監査等委員会設置会社・指名委員会等設置会社という機関設計を選択した場合には，定例取締役会の開催頻度を少なくしている例も見られるが，近年では監査に求められる業務の範囲が増えているため（たとえば，会計監査人や内部監査部門との定例面談など），取締役会以上の頻度で監査委員会・監査等委員会を開催していることも多い。

　もっとも，多くの企業で毎月あるいは3カ月に1回という形で定例的に取締役会を開催することとされているのは，上記Ⅱで述べたとおり，監査役会設置会社においては重要な業務執行について取締役会で決定しなければならず（会社法362条4・5項），また，代表取締役および業務執行取締役は，3カ月に1回以上，自己の職務の執行の状況を取締役会へ報告しなければならない（同法363条2項）と定められているからである。

　これに対し，監査役会においては，取締役会と比較して，決議しなければならない事項はさほど多くなく，開催頻度についての定めも置かれていない。

　もともと監査役会は，取締役会のような合議体の意思決定機関ではなく，監査役の独任制を原則としつつ，監査役間の連絡調整機関として位置づけられたものである。監査役は，個々人が独立した機関として監査の職責を担うことが大原則であるものの，大会社においては業務も複雑多岐にわたり，1人の監査役が取締役の職務執行全般を監査することは困難であるため，平成5年商法改正において，3名以上の監査役（そのうち1名は社外監査役）を選任し，その中から常勤監査役を選定することが義務づけられた。その際，監査役間の役割分担や情報共有のための仕組みが必要となり，連絡調整のための監査役会を

設置することとされたものである。

このように，監査役会とはあくまでも情報共有・連絡調整のための会議であるため，毎月開催することが義務づけられているわけではない。多くの企業において，取締役会に合わせて定例的に監査役会を開催するのが一般的となっていたのは，社外監査役に何度も来社をお願いすることを避けるためという実務上の理由が大きい。

ただし，会社法上，監査役会は事業年度における取締役の職務執行を監査し，その結果をまとめた監査報告を作成して，定時株主総会に提出する責務を負っている。そのため，決算・監査のタイミングにおいては，必ず監査役会を開催する必要がある。

(2) 監査役会で決議しなければならない事項

会社法は，監査役会において決議しなければならない事項として，①適切かつ効果的な組織監査を行うための事項（会社法390条2項2・3号など），②監査役・会計監査人の独立性を担保するための事項（同法343条，344条など）を定めているほか，年間を通じて取締役の職務執行を監査し，各監査役の監査報告に基づき，監査役会監査報告を作成しなければならないと定めている（同法390条1項1号，会社法施行規則130条1項）。

具体的な年間スケジュールで見ていくと，監査役会では，事業年度当初あるいは株主総会の直後に常勤監査役を選定し（会社法390条2項2号），監査の方針・監査計画および監査役間の役割分担などを決議する（同項3号）。また，監査役の個別報酬金額については，定款または総会決議がない限り，監査役の協議によって定めることとされており（会社法387条2項），これは監査役会の決議事項ではないものの，株主総会直後の監査役会で協議するのが一般的な実務である。

その後は，常勤監査役が日常的な監査業務

（社内の重要会議への陪席，重要な役職員との面談，稟議書類等の確認，拠点等への往査など）を担当し，定例の監査役会で監査状況を報告して，社外監査役と情報共有・意見交換を行う。これは定例取締役会のスケジュールに合わせて開催されるのが一般的である。

事業年度が終わると，監査役は，事業報告および計算書類（附属明細書を含む）について監査を行い，定時株主総会の招集にあたり，その監査報告もあわせて株主に提供しなければならない（会社法437条）。監査役会監査報告の作成にあたっては，会議を開催する方法または同時に意見交換できる方法により審議しなければならないと規定されているため（会社法施行規則130条3項，会社計算規則128条3項），このタイミングでは必ず監査役会を開催する必要がある。また，計算書類の監査については，会計の専門家である会計監査人がまず監査を実施し，その報告を受けたうえで，会計監査人の監査の方法および内容の相当性などを判断することとされているため（会社計算規則127条2号），監査役会監査報告の審議に先立ち，会計監査人から会計監査報告の説明等を受けるために監査役会を開催する例も多い。

さらに，定時株主総会の招集決定にあたっては，株主総会に付議する議案の概要（参考書類記載事項）を決定しなければならず（会社法298条1項5号，会社法施行規則63条3・7号），それに先立ち，監査役会で審議・決定しておかなければならない事項がある。

まず，株主総会に監査役選任議案を提出するには監査役会の同意を得なければならないため（会社法343条1項），監査役の改選期においては，招集決定の取締役会に先立ち，監査役会で，定時株主総会に提出予定の監査役選任議案について同意を得る必要がある。

また，会計監査人の選任・解任・不再任議案については監査役会で決定し（会社法344

条1項），解任または不再任の場合には，その議案の内容を決定した理由を開示しなければならない（会社法施行規則81条2号）。また，会計監査人の報酬等の額についても，監査役会が同意した理由について開示しなければならない（会社法施行規則126条2号）。会計監査人については，自動的に再任されるため，会計監査人選任議案が上程されることは少ないが（ただし，近年では会計監査人を変更する企業も散見される），選任・解任・不再任議案について監査役会に決定権限がある以上，監査役会としては，株主総会の招集決定に先立ち，会計監査人の選任・評価基準に従って会計監査人の評価を行い，再任の是非について検討しなければならない。

　そのほか，監査等委員会設置会社では，監査等委員会は監査等委員以外の取締役の選解任・報酬についての意見を決定しなければならない（会社法399条の2第3項3号）。

　以上のとおり，監査役会では，年間を通じて定例的に監査役会を開催して情報共有・意見交換をすることが求められているだけでなく，事業年度の末日から株主総会にかけての時期は，決算監査および定時株主総会に上程する議案の審議のため，必ず監査役会を開催しなければならない。

　特に決算監査については，新型コロナウイルスその他の感染症の影響により，決算手続および会計監査人・監査役の監査に遅れが生じ，株主総会の日の2週間前までに招集通知の発送や計算書類の事前備置開始ができないという事態になった場合には，株主総会の延期または継続会を検討せざるをえなくなるため，この間のスケジュール管理は極めて重要である。

(3)　開催スケジュールの見直し
(ア)　決算監査
　監査役会においては，取締役会と比較して

決議しなければならない事項は少なく，最低限の開催頻度（3カ月に1回以上）の定めも置かれていない。しかし，決算監査のタイミングでは，監査報告の作成や株主総会に上程する議案に関して監査役会の決議が求められている。そのため，感染症の影響により強く外出自粛を求められるといった非常事態において，監査役会の開催頻度を減らすことを検討する場合には，予定されたタイミングに監査役会を開催して決議しなければならない事項があるのかどうかを検討する必要がある。

　まず，株式会社において定時株主総会は最も重要な会議であり，新型コロナウイルスの感染拡大に伴い，株主総会の延期・継続会という議論が出ているものの，必ず開催しなければならないことから，定時株主総会の招集決定および事業報告・計算書類の承認のための取締役会は開催される。

　そうなると，監査役会としても，招集決定の取締役会に先立ち，監査役会監査報告を作成し，監査役選任議案に同意し，会計監査人の再任の是非を確認するため，監査役会を開催する必要がある。もともと監査役会では書面決議は認められていないが，「監査役会監査報告を作成する場合には，監査役会は，1回以上，会議を開催する方法又は情報の送受信により同時に意見の交換をすることができる方法により，監査役会監査報告の内容（中略）を審議しなければならない」とわざわざ規定されており（会社法施行規則130条3項，会社計算規則128条3項），監査役会を開催する方式または電話・テレビ会議の方式により意見交換を行うことは必須である。

　監査役選任議案への同意や会計監査人の再任の是非，報酬の同意についても，監査役会の決議が必要である。平時であれば，これらの審議のために監査役会を開催する例もあるが，非常時においては，監査役会監査報告の審議と合わせて1回の監査役会で行うことが

できれば，それでかまわない。

　計算書類の監査においては，まず会計監査人が監査を実施し，監査役は，「会計監査人の監査の方法又は結果を相当でないと認めたときは，その旨及びその理由」を監査報告で指摘することとされている（会社計算規則127条2号，128条2項2号）。そのため，監査役会監査報告の審議に先立ち，会計監査人から報告を受けるための監査役会を開催している例もあるが，非常時においては，開催せずに書面にて報告を受けることでもかまわない。

㈡　定例監査

　定時株主総会において監査役が改選された場合には，総会直後の監査役会において常勤監査役を選定し，監査役の役割分担を決定するほか，監査役の個別報酬金額について協議する。

　また，事業年度ごとに監査の方針・監査計画について協議し，決定する必要がある。

　それ以外の定例監査役会については，会社法で会議を義務づけられているものではなく，会議以外の方法で情報共有および連絡調整を行うことで代替することも許容されると解される。

　ただし，監査役の職務は事業年度を通じた取締役の職務執行の監査であり，効率的かつ組織的な監査を実現するため，複数の監査役で役割分担を行い，定例的に情報共有・意見交換するために監査役会の設置が求められている以上，一定の頻度で意見交換する機会を設けることは必要であると解される。新型コロナウイルスその他の感染症の感染拡大という非常事態において，どこまで監査役会の開催頻度を減らすことが許容されるのかについては，明確な判断基準はないものの，取締役会については3カ月に1回以上の開催が義務づけられていること，上場企業においては四半期ごとの決算開示が求められていること，IT技術の進化により電話・テレビ会議の方式による開催も容易になっていることなどを勘案すると，取締役会と同様，3カ月に1回以上の開催を目処とするべきではないかと考えられる。

2　開催方法

　会社法は，取締役会と同様，監査役会についても，その招集通知の具体的内容について特段の定めを置いていないが，監査役会議事録の記載事項として，「監査役会が開催された日時及び場所」を記載すべきとされており（会社法施行規則109条3項1号），監査役が一定の場所（本社会議室など）に集まって現実に会議を開催することを原則としていることは明らかである。

　しかし，すべての監査役が物理的に開催場所に出席しなければならないわけではなく，電話・テレビ会議の方式による参加も認められている。また，感染症の影響により外出自粛が強く求められるといった非常事態においては，すべての監査役が電話・テレビ会議の方式で監査役会に参加すること（いわゆるバーチャルオンリー型の監査役会）も認められるべきであり，この点は取締役会の場合と同様である。

　もっとも，監査役会においては，取締役会で認められている決議の省略（書面決議）は認められていない。もともと監査役会は，取締役会のような決議機関ではなく，独任制の機関である監査役が情報共有・意見交換を行うことで効率的かつ組織的な監査を行うことを目的とする会議体であるため，決議の省略を認めてしまうと監査役会制度の趣旨が失われてしまうからである。また，監査役会の決議事項は取締役会と比較してさほど多くないため，あえて決議の省略を認める必要性も乏しいとも考えられる。

　その一方で，監査役会への報告の省略は認められている（会社法395条）。

指名委員会・報酬委員会

1　開催スケジュール

(1)　平時の開催スケジュール

　会社法の定める指名委員会および報酬委員会とは，指名委員会等設置会社において設置されている委員会であり，各委員会の委員は取締役の中から取締役会の決議によって選定され（会社法400条2項），委員の過半数を社外取締役とすることが義務づけられている（同3項）。指名委員会等設置会社とは，取締役会の監督機能の要となるべき機能（指名・報酬）を社外取締役が過半数を占める委員会に専属させることによって，業務執行者に対するモニタリング機能を強化しようとする機関設計である。

　さらに近年では，機関設計にかかわらずモニタリング機能を強化することが求められており，コーポレートガバナンス・コードにおいて，「上場会社が監査役会設置会社または監査等委員会設置会社であって，独立社外取締役が取締役会の過半数に達していない場合には，経営陣幹部・取締役の指名・報酬などに係る取締役会の機能の独立性・客観性と説明責任を強化するため，取締役会の下に独立社外取締役を主要な構成員とする任意の指名委員会・報酬委員会など，独立した諮問委員会を設置することにより，指名・報酬などの特に重要な事項に関する検討に当たり独立社外取締役の適切な関与・助言を得るべきである」（補充原則4-10①）とされている。そのため，指名委員会等設置会社以外の機関設計を選択した会社においても，任意の諮問委員会として，指名委員会および報酬委員会（あるいは2つの機能を兼ねる指名・報酬委員会）を設置していることが多い。

　このように，指名委員会および報酬委員会とは，ここ数年の間に多くの上場企業で設置されるようになったものである。指名委員会等設置会社に移行した企業は，少しずつ増えているとはいえ少数であり，指名委員会および報酬委員会のほとんどは任意の諮問委員会である。

　そのため，これらの委員会の年間の開催スケジュールは，いまだ確立していない。JPX日経インデックス400を対象に任意の指名委員会・報酬委員会の実態調査を行った結果を見ても，その開催頻度は，「年1回」から「原則として毎月1回」までさまざまであり，「必要に応じて」「適宜」といった例も散見される[6]。

(2)　指名委員会・報酬委員会で決議しなければならない事項

　以上のとおり，任意の諮問委員会である指名委員会および報酬委員会の開催スケジュールについては，いまだ確立されたものはなく，それぞれの会社において模索中である。指名委員会等設置会社であっても，指名委員会および報酬委員会の開催スケジュールは各社各様である。

　しかし，取締役会および監査役会と同様，指名委員会または報酬委員会で決議しなければならない事項があれば，委員会を開催する必要がある。

(ア)　指名委員会の職務

　会社法の定める指名委員会の職務は，株主総会に提出する取締役の選任及び解任に関する議案の内容の決定（会社法404条1項）である。そのため，定時株主総会の招集決定の取締役会に先立ち，指名委員会を開催し，株主総会に提出する取締役選任議案の候補者を決議することは必須である。

6　祝田法律事務所編『任意の指名委員会・報酬委員会の実態調査―JPX日経インデックス400を対象に―』別冊商事法務435号（商事法務，2018）。開催頻度については開示していない例が多い。

また，取締役候補者を誰にするかを決定する作業は，次期事業年度における当社の経営を誰に任せるべきかという非常に重要なテーマであるため，本来であれば，1回の委員会だけで審議・決定できるものではない。指名委員会において実質的な審議を行うためには，取締役選任議案を最終決定する前に，取締役会の構成・資質（社内取締役と社外取締役の比率，取締役候補者に求められる知見・経験や多様性の確保など）について議論したり，取締役候補者の評価に関する情報を共有したり，場合によっては指名委員会で取締役候補者と面談することなどが必要となる。このような目的の委員会を開催すべきかどうか，開催するとして何回開催するのか，年間スケジュールをどのように組み立てるべきかについては，会社ごとに工夫をこらしているところであり，その運営方針に応じて複数回の委員会を開催することになる。

(イ)　報酬委員会の職務

　会社法の定める報酬委員会の職務は，執行役及び取締役の個人別の報酬等の内容の決定（会社法404条3項）である。会社によって報酬体系には違いはあるものの，一般的には，①固定報酬，②短期業績連動である賞与，③長期業績連動である株式報酬の組み合せとなっており，固定報酬金額は役位に応じてあらかじめ決まっているが，業績連動型報酬については個々人の業績に応じて具体的金額が決まる仕組みになっていることが多い。そのため，報酬委員会では，業績連動型報酬の支給に先立ち，報酬委員会を開催し，個々人の業績を評価したうえで個別金額を決議する必要がある。

　また，個々の業務執行者の業績を評価する作業は，特に社外取締役にとっては非常に難しく，まずは社内で評価を実施し，その内容について説明を受け，報酬委員会で審議するといった流れになることが多い。そのため，

指名委員会と同様，1回の委員会だけで審議・決定できるものではない。それに加えて，報酬委員会では，報酬体系の変更等についても議論しなければならず，特に中期経営計画に連動する形の報酬体系を採用している場合には，新たな中期経営計画が策定されるタイミングで報酬体系についても変更の要否を検討する必要がある。このように，報酬委員会の運営については，当該会社がどのような報酬体系を採用しているかによって変わってくるものの，やはり年間を通じて複数回の委員会を開催する必要がある。

(ウ)　任意の諮問委員会の職務

　任意の諮問委員会の職務および審議事項については法定されておらず，各社の委員会規則等で定められている。各社の実情に合わせて多少の違いはあるものの，指名委員会・報酬委員会を設置する目的は社外取締役によるモニタリング機能の強化である以上，指名委員会等設置会社と同様，指名委員会においては「株主総会に提出する取締役候補者の決定」，報酬委員会においては「取締役の個人別の報酬等の内容の決定」について取締役会から諮問を受け，審議結果を答申することを職務としている例が多い。

　そのため，諮問委員会を必ず開催しなければならないタイミングは，指名委員会等設置会社の指名委員会・報酬委員会と同様である。それ以外に年間スケジュールをどのように組み立てるべきかについては，各社で工夫しているところである。

(3)　開催スケジュールの見直し

　以上のとおり，指名委員会および報酬委員会では，それぞれの決議すべき事項（指名委員会においては「株主総会に提出する取締役候補者の決定」，報酬委員会においては「取締役の個人別の報酬等の内容の決定」）を決定するだけであれば，年に1回の開催でも足りること

になるが，その本来の職務を果たすためには，年間を通じて複数回の開催が必要となると考えられる。

しかし，新型コロナウイルスその他の感染症の拡大防止のために強く外出自粛を求められているといった非常事態においては，必要最低限の決議を行う以外の委員会については実開催せず，個別に説明するといった方法でも許容されると解される。

指名委員会等設置会社の場合には，株主総会に提出する取締役の選任及び解任に関する議案の内容の決定（会社法404条1項）は指名委員会，執行役及び取締役の個人別の報酬等の内容の決定（同条3項）は報酬委員会の専権事項であるため，その決定のためには委員会において決議する必要がある。

これに対し，任意の諮問委員会の場合には，委員会において決定するのではなく，取締役会から諮問を受けて審議結果を答申するという位置づけであるため，委員会で決議することは必須ではなく，非常事態においては，各委員がそれぞれ説明を受けて各自の意見を答申するといった方法が許容される余地もあると思われる。もともと任意の諮問委員会であるため，諮問事項や委員会の運営について，会社の判断で変更することもできるはずである。

もっとも，近年のコーポレートガバナンスの議論の中で，指名・報酬に係る諮問委員会の役割は極めて重要と考えられており，任意の諮問委員会だからといって安易な運用をするべきではないことは当然である。

2　開催方法

会社法は，指名委員会および報酬委員会についても，その招集通知の具体的内容について特段の定めを置いていないが，委員会議事録の記載事項として，「委員会が開催された日時及び場所」を記載すべきとされており

（会社法施行規則111条3項1号），指名委員・報酬委員である取締役が一定の場所（本社会議室など）に集まって現実に会議を開催することを原則としている。

しかし，すべての委員が物理的に開催場所に出席しなければならないわけではなく，電話・テレビ会議の方式による参加も認められている。また，感染症の影響により外出自粛が強く求められるといった非常事態において，すべての委員が電話・テレビ会議の方式で委員会に参加すること（いわゆるバーチャルオンリー型の委員会）も認められるべきであり，この点は取締役会や監査役会の場合と同様である。

ただし，特に指名委員会においては，取締役会以上に機密性の高い情報を取り扱うこともある（指名委員会では事務局も入らずに議論することもある）。そのため，電話・テレビ会議の方式によった場合のセキュリティーの確保，委員会資料の送付方法などについて，より慎重な準備・対応が求められる。

指名委員会および報酬委員会においては，取締役会で認められている決議の省略（書面決議）は認められておらず，報告の省略のみ認められている（会社法414条）。この点は監査役会と同様である。

以上は法定の指名・報酬委員会に関する会社法の定めであるが，任意の諮問委員会においても，これに準じて開催することになろう。

第6章

日本法・GDPRに沿った
個人情報の取扱いに係る留意点

長島・大野・常松法律事務所
弁護士 森 大樹

　安全配慮義務の履行や事業活動の継続のために，企業は，従業員や顧客等への新型コロナウイルス感染症の拡大防止策を講じる必要があり，その過程で，さまざまな個人情報を収集・利用・公表等することが求められる。このような場面で，感染拡大防止と個人情報・プライバシーの保護の両立をどのように図るべきか。本稿は，令和2年4月22日時点の情報に基づき，そのような個人情報・プライバシーに係る情報の取扱いに関する法律関係の整理を試みるとともに，実務上の留意点について解説するものである。

I　はじめに

　企業は，事業活動の継続や従業員に対する安全配慮義務の履行のために，従業員や取引先，顧客等への新型コロナウイルス感染症の拡大防止策を講じる必要があり，その過程で，従業員等に関するさまざまな個人情報を収集・利用・公表等することが求められる。このような場面では，感染拡大防止と対象者の個人情報やプライバシーの保護の両立をどのように図るべきか，という問題に直面することになる。本稿は，そのような個人情報・プライバシーに係る情報の取扱いに関する法律関係の整理を試みるとともに，実務上の留意点について解説するものである。具体的には，IIにおいては，日本で新型コロナウイルス感染症に感染したと疑われる従業員等が発生した場合の，IIIにおいては，欧州の子会社従業員が新型コロナウイルス感染症に感染したと疑われる場合の，個人情報・プライバシーに係る情報の取扱いについて検討する。

　なお，本稿における意見は筆者個人の意見であり，筆者が所属する法律事務所その他の団体の意見を表明するものではないことをあらかじめお断りしておく[1]。

II　日本における新型コロナウイルス感染症に関する個人情報・プライバシーに係る情報の取扱い

1　感染者等に関する情報の取得

(1)　感染情報の取得

　ある人が新型コロナウイルス感染症に感染したまたは検査で陽性という結果が出たという情報（以下「感染情報」という）は，要配慮個人情報（次頁【図表1】）に該当するため（個人情報の保護に関する法律（以下単に「法」という）2条3項，同法施行令2条2号・3号），個人情報取扱事業者は，原則として，本人の同意がなければ感染情報を取得しては

1　また，本稿中のGDPRに関する部分については，個人情報保護委員会事務局総務課課長補佐（国際担当）としての出向経験を有する同僚の早川健弁護士と議論を重ねたが，内容に誤りがある場合はすべて筆者が責任を負うものである。なお，できるだけ踏み込んだ検討をするために，英語以外の言語で公表されている欧州の個人データ保護機関のガイダンスの内容も検討対象としているが，フランス語で公表されているものについては同僚の秋山恵里弁護士，ドイツ語で公表されているものの一部については同じく同僚の小山田柚香弁護士の協力を得たが，それ以外については機械翻訳を利用して英訳したうえで，内容を把握していることから，すべて完全に正確な内容を把握できているとは限らないことに留意いただきたい。

ならない（法17条2項）。

【図表1】 要配慮個人情報（関連するものに限る）

- 本人の病歴（法2条3項）
- 本人に対して医師等により行われた健康診断等（疾病の予防および早期発見のための健康診断その他の検査）の結果（個人情報保護法施行令2条2号）
- 健康診断等の結果に基づき，または疾病，負傷その他の心身の変化を理由として，本人に対して医師等により心身の状態の改善のための指導または診療もしくは調剤が行われたこと（個人情報保護法施行令2条3号）

　従業員の家族の感染情報は，当該従業員自身の病歴等ではないため，当該従業員の要配慮個人情報には該当しないが，家族のうち誰の感染情報であるかが特定できる場合には，当該家族を本人とする要配慮個人情報に当たるので，原則として感染した家族本人の同意を得て，当該情報を取得する必要がある。ただし，感染した家族本人が従業員の職場に当該情報が知られることを容認している場合が多いであろうが，そのような場合には，従業員を通じて感染した家族本人から同意を得たと整理することが可能であろう。

　また，たとえ本人の同意を得ておらずとも，本人が入院したため連絡をとることが困難な場合など，本人の同意を得ることが困難である場合であって，①人の生命，身体または財産の保護のために必要がある場合，または②公衆衛生の向上のために特に必要がある場合には，本人の同意なく，要配慮個人情報を取得できる（法17条2項2号・3号）。したがって，新型コロナウイルス感染症に感染した家族本人が入院してしまい連絡をとることが困難な場合などには，上記の要件を充足するものとして，家族本人の同意を得ずとも，

従業員を通じて感染者の情報を取得することができるものと考えられる。

　なお，「雇用管理分野における個人情報のうち健康情報を取り扱うに当たっての留意事項」（平成29年5月29日個情第749号・基発0529第3号[2]）（以下「留意事項」という）は，職場において感染したり，蔓延したりする可能性が低い感染症に関する情報については，原則として労働者等から取得すべきでないとしているが（留意事項第3の8(3)），その反対解釈として，新型コロナウイルス感染症のような感染力の強い感染症に関する情報については，従業員から情報取得することを許容するものであると考えられる。この点からも，事業者は，感染情報を従業員から適法に取得することができることが裏づけられていると言えよう。

(2) 感染疑い情報の取得

　感染者の濃厚接触者であるという情報や，感染者が多発している国や地域にごく最近（特に潜伏期間中に）滞在していたという情報など，新型コロナウイルス感染症に感染している疑いがあるという情報（以下「感染疑い情報」という）は，病歴や医師等による検査結果等ではなく，要配慮個人情報に該当しないため，本人の同意を得ずとも，不正の手段によらない限り当該情報を取得することができる（法17条1項）。しかしながら，本稿執筆時点（令和2年4月22日時点）の状況を踏まえると，その具体的な情報の内容や感染の疑いの程度によっては，本人に対する不当な差別，偏見その他の不利益が生じるおそれは否定できないように思われる。したがって，当該情報が，新型コロナウイルス感染症に感染していることについて，一定程度以上の疑いを生じさせるものであり，その取扱いに特

2　https://www.ppc.go.jp/files/pdf/koyoukanri_ryuuijikou.pdf。

に配慮を要する情報であるといえる場合には，要配慮個人情報に準ずるものとして取り扱うことが適当であると言えよう。したがって，前述のとおり，原則的には，事業者が感染疑い情報を取得する際には，本人の同意を取得することが望ましいが，本人の同意を得ることができなかったとしても，個人情報保護法17条2項2号または3号に準じる事由がある場合には，当該情報を取得することは許容されるであろう。

　この点，法制度が異なるので，個人情報保護法においてこの考え方がただちに当てはまるものではないが，英国の個人データ保護機関であるICOは，事業者が，従業員や訪問者に対して，特定の国への訪問歴や新型コロナウイルス感染症に関する症状の経験について質問することは合理的だが，必要以上の情報を収集することは適切でないとの見解を表明している[3]。

(3) 検温情報の取得

　新型コロナウイルス感染症の拡大防止のために，施設管理権等の一環として，社屋や工場などの施設に入場する者に検温を求め，その結果（以下「検温情報」という）の報告を求める例がある。検温情報も，病歴や医師等による検査結果等ではなく，要配慮個人情報に該当しないため，個人情報保護法上は，不正の手段によらない限り適法に取得できる（法17条1項）。しかし，この点に関して，フランスの個人データ保護機関であるCNILは，感染の疑いがある場合には従業員にその旨を通知するよう求めることはできるが，必要以上の情報収集を行うことは許されないとして，具体的に，従業員や訪問者に対して体温の測定値の提出を義務づけることや，すべての従業員からカルテや問診票を収集するこ

とは許されないとの見解を表明していることが参考になる[4]。これについても法制度が異なるので，個人情報保護法においてこの考え方がただちに当てはまるものではないが，プライバシー保護という観点からは，従業員に対して毎日検温結果を報告させず，一定以上の体温が続いた場合など，新型コロナウイルス感染症に感染している徴候が認められる場合に限り，検温情報を報告させるといった対応も考えられるであろう。

(4) 在宅勤務における新型コロナウイルス感染症に関する情報の取得

　本稿執筆時点では，大企業を中心に在宅勤務・テレワークの取組みが進んでいるが，在宅勤務の場合には従業員の安全配慮義務等の観点から，個人情報・プライバシーに係る情報の取得について異なる取扱いが求められる場合も出てくると思われる。すなわち，適用される関係法令はこれまで説明したとおりであるが，完全在宅勤務に移行している場合には，同じ職場で働いている他の従業員への新型コロナウイルス感染症の感染拡大のおそれは認められないので，要配慮個人情報の取得の場面において本人同意が不要となる①人の生命，身体または財産の保護のために必要がある場合，または②公衆衛生の向上のために特に必要がある場合の例外規定（法17条2項2号・3号）が具体的に適用される場面は，限定的になると思われる。たとえば，①のうち人の生命，身体の保護のために必要である場合としては，在宅勤務でありながら，例外的に押印や郵便物の受け取り・確認など業務上の必要性のためにオフィス等に立ち入る必要性がある事態が生じることが予想される場合や，複数の社員が物理的に共同して顧客と面談することが予定されている場合などに限

3　https://ico.org.uk/global/data-protection-and-coronavirus-information-hub/data-protection-and-coronavirus/。
4　https://www.cnil.fr/fr/coronavirus-covid-19-les-rappels-de-la-cnil-sur-la-collecte-de-donnees-personnelles。

られてくるであろう。

2　感染者等に関する情報の利用

(1)　利用目的

　個人情報を取得した場合には，あらかじめその利用目的を公表している場合を除き，その利用目的を本人に通知するか，または，公表しなければならないが（法18条1項），留意事項は，さらに，自傷他害のおそれがあるなど，労働者の生命，身体または財産の保護のために必要がある場合等を除き，本人に利用目的を明示しなければならないとする（留意事項第3の2(2)）。そして，個人情報取扱事業者は，本人の同意がない限り，原則として利用目的の達成に必要な範囲内でのみ，個人情報を利用できる（法16条1項）。したがって，プライバシーポリシーや社内規程において利用目的が公表・明示されており，当該利用目的の範囲内で利用する場合には，これらの規制に抵触しない。また，他方で，従業員の家族が感染した場合には，留意事項の対象外ではあるものの，自社のウェブサイトに掲載されているプライバシーポリシーの利用目的の範囲内であれば問題はないが，そうでない限り，家族本人に対して利用目的を通知しているケースは少ないと思われるので，対応を検討する必要がある。この点，取得の状況からみて利用目的が明らかであれば，利用目的の通知は不要なので（法18条4項4号），事例ごとの判断になるが，従業員から家族の感染情報を知らされた場合は，感染拡大防止等のために利用するものとして，利用目的が明らかであると認められる余地もあるだろう[5]。

　利用目的の範囲内と言えるかについても，

事例ごとの判断になるが，「従業員に対する安全配慮義務の履行」や「職場の安全衛生管理」などの利用目的が定められておらず，「事業の円滑かつ適切な遂行」，「お客様に対する商品・サービスの提供のため」，「法令遵守のため」といったやや概括的な利用目的の定めであったとしても，事業所や工場の閉鎖等を避けるため，または安全配慮義務を履行するための利用であれば，当該利用目的の範囲内であると解釈する余地はあるように思われる。

　そのような手がかりになる利用目的に関する定めがない場合には，原則として，利用目的の範囲外で利用することについて本人の同意を取得する必要がある（法16条1項）。ただし，ここでも，本人の同意を得ることが困難であり，かつ，①人の生命，身体または財産の保護のために必要がある場合，または②公衆衛生の向上のために特に必要がある場合，さらには③国・地方公共団体等が法令の定める事務を遂行することに対して協力する必要がある場合であって，本人の同意を得ることにより当該事務の遂行に支障を及ぼすおそれがある場合には，本人の同意を得ずとも，例外的に目的外利用が可能である（同条3項2号～4号）[6]。

　なお，留意事項は，労働者の健康に関する個人情報（以下「健康情報」という）は，労働者の健康確保に必要な範囲で利用されるべきものであり，事業者は，労働者の健康確保に必要な範囲を超えてこれらの健康情報を取り扱ってはならないとする（留意事項第3の1(2)）。当該労働者の健康確保に必要な範囲を超えた健康情報の利用が禁止されているようにも読めるが，新型コロナウイルス感染症

5　保有個人データの利用目的については，利用目的を本人の知りうる状態に置くか，または，本人の求めに応じて遅滞なく回答することが求められるところ（法27条1項2号），本文で問題としている法18条4項4号は，法27条1項2号の例外事由に含まれない点には注意が必要である。

6　個人情報保護委員会事務局「新型コロナウイルス感染症の感染拡大防止を目的とした個人データの取扱について」（令和2年4月2日）（以下「個情委コロナ文書」という）（https://www.ppc.go.jp/files/pdf/200402_1.pdf）。

の拡大防止を図る必要性が高い場面におい
て，留意事項をそのように解釈することは妥
当でないと考えるべきではないだろうか。

(2)　社内での情報共有

　上記(1)のとおり，個人情報保護法は，当初
特定した利用目的または前述の法16条3項に
定める例外的利用が許される範囲内であれ
ば，自社内での個人情報の利用を制限してい
ない[7]。しかし，感染情報または感染疑い情
報は，現時点においては，それを他人に知ら
れることで，本人に対して不当な差別や偏見
等の不利益が生じるおそれを否定できないと
思われるので，一般人を基準として他人にみ
だりに知られたくない情報として，法的に保
護されるプライバシーに係る情報と考えてお
くべきである。したがって，個人情報保護法
に抵触せずとも，安易に本人が特定できる形
で，感染情報等を社内で広範囲に情報共有す
ることは慎むべきである。

　誰に対して，どのような情報を共有するこ
とが許されるかは，事業者や所属部署の規
模，感染情報か感染疑い情報か，感染疑い情
報である場合には疑いの程度などを踏まえ，
事案ごとの判断が必要になる。共有すべき情
報の内容は，基本的には感染拡大防止や業務
継続のために必要な情報に限るべきである
が，直属の上司や管理部門の限定された者，
産業保健業務従事者（留意事項第3の3(1)参
照）などについてはある程度具体的な情報共
有が許されるであろう。他方で，職場の同僚
については，机・座席の位置関係，最近会
議・商談等で同席したかどうか，その際に着
席位置が近かったか，同一のプロジェクトの

メンバーとして緊密な連携をとっていたか，
フリーアドレスかどうかなどの要素を踏まえ
て，共有すべき情報を判断すべきだろう。特
に本人の同意がない限り，基本的には本人を
特定できる情報の提供は避けることが望まし
いが，業務上どうしても必要な場合もあるだ
ろうし，そうでなかったとしても，事実上，
他の従業員が本人を特定できてしまうことも
少なくないだろう。ただし，情報共有の必要
性があり，その方法・内容も相当なものであ
れば，そのような情報共有を行ったことが，
ただちに違法なプライバシー侵害と評価され
るものではないと考えるべきであろう。他方
で，プライベートな行動によって感染した従
業員の具体的な感染経路に関する情報につい
ては共有を控えるなどの配慮が必要であろ
う。

　なお，英国ICOも，従業員が新型コロナ
ウイルスに感染した疑いがある場合には，他
の従業員に対してその旨を知らせるべきだ
が，感染した疑いのある従業員の名前を知ら
せる必要はないであろうし，必要以上の情報
提供をすべきでないとの見解を表明してい
る[8]。

　また，万一の情報漏えいのリスクを考える
と，感染情報または感染疑い情報を利用する
必要がなくなったときは，当該情報を遅滞な
く消去することが望ましい（法19条参照[9]）。

(3)　社外への情報共有・公表

　個人データに該当する感染情報等を社外
（取引先や顧客，ビル管理者等）に提供すると
きには，第三者提供の制限に関する規制が適
用されるので，原則として本人の同意を取得

7　個情委コロナ文書別紙「(別紙) 個人情報保護法相談ダイヤルに多くよせられている質問に関する回答」の問1（答）
　　（https://www.ppc.go.jp/files/pdf/200402_2.pdf）。
8　前掲注2のリンク先。
9　ドイツの個人データ保護機関であるBfDIやオーストリアの個人データ保護機関であるdsbも，（遅くとも）パンデミックが
　　終了したときには，不要になったデータを削除する必要があることを指摘している
　　（https://www.bfdi.bund.de/DE/Datenschutz/Themen/Gesundheit_Soziales/GesundheitSozialesArtikel/Datenschutz-in-
　　Corona-Pandemie.html?nn=5216976,https://www.dsb.gv.at/home）。

する必要がある（法23条，24条）。ただし，この場面でも，本人の同意を得ることが困難であり，かつ，①人の生命，身体または財産の保護のために必要がある場合，または②公衆衛生の向上のために特に必要がある場合，さらには③国・地方公共団体等の事務遂行に協力する必要がある場合であって，本人の同意を得ることにより当該事務遂行に支障を及ぼすおそれがある場合には，本人の同意なく国内外の第三者に個人データを提供することができる（法23条1項2号～4号，24条）[10]。提供できる情報の内容については，プライバシー保護の観点から，社内共有の場合と同様に必要性のある情報に限るべきである。

また，プライバシーポリシーにおいて，第三者提供を行わない旨を表明している企業も少なからず存在するが，（個人情報保護法を含む）法令に基づく場合を除く，という留保が明記されていることも多いと思われる。また，たとえそのような留保が付されていなかったとしても，プライバシーポリシーを全体として解釈した場合には，個人情報保護法が本人の同意がなくとも個人データの第三者提供を許容している場合にまで，個人データの提供を一切しないということを表明しているものではないと解釈できるものも多いのではないかと思われる。

なお，第三者提供に係る記録の作成・確認に関する義務については，法23条1項各号に該当する場合や，国等の一定の公共機関に対する提供である場合には，適用されない（法25条1項ただし書，26条1項ただし書，25条1項本文かっこ書）。

その他の規律は，基本的には上記(2)において検討した内容が同様に当てはまるものと考えられる。実務的には，どの範囲まで情報提供を行うべきか，公表を行うべきかについて

悩ましい判断を迫られるケースも生じてくると思われる。そのようなケースでは，個人情報やプライバシーの保護の必要性があることは論をまたないが，現在の状況も踏まえると，企業のレピュテーションを守るためには，それらの権利・利益に十分に配慮したうえで，感染症拡大防止のために真に必要な情報提供を行うことを躊躇してはならないだろう。

3 取引先等の外部者が感染したまたはその疑いがある場合

(1) 取引先の担当者や委託先の従業員（自社の本社・事務所・工場等に勤務）が感染したまたはその疑いがある場合

このような場合であっても，自社従業員へ注意喚起や自宅待機等を指示するために新型コロナウイルス感染症に関する情報を利用する必要性がある。

個人情報保護法上の整理については，基本的には自社従業員またはその家族について論じた上記1および2の内容が同様に当てはまるが，取引先の担当者や委託先の従業員本人からではなく，取引先や委託先の会社から情報を取得するケースが多いと思われる点には注意が必要である。この点，上記1(1)等で述べたとおり，要配慮個人情報は，原則としてあらかじめ本人の同意を得ずに取得することが禁止されていることから，取引先等に本人同意を取得してもらうか，または，例外事由を充足することが必要となる（法17条2項）。

(2) 顧客が感染したまたはその疑いがある場合

このような場合は，上記(1)以上に本人からではなく，第三者，特に地方公共団体などの公的機関から情報提供される可能性が高いと

---

10 前掲注7の問2（答）（https://www.ppc.go.jp/files/pdf/200402_2.pdf）。

思われる。

しかしながら、取引先の担当者や委託先の従業員とは異なり、そもそも店舗の顧客については、特定の従業員がある程度の時間接客をしたために濃厚接触者[11]に該当しうるような場合は別段、そうでない限り、感染症拡大防止という目的を考えると、当該顧客の来訪時間等を知ることができれば足り、当該顧客を識別することができる情報までは不要であることが多いのではないかと思われる。そのような場合には、義務が生じることを回避するために、氏名等に関する情報は取得せず、個人情報に該当しない範囲の情報のみを取得するにとどめることが考えられる。ただし、防犯カメラの映像や接客に関する記録などを照合することによって、公的機関等から提供される情報が個人情報に該当してしまう場合も考えられ、その場合には、取得した情報は個人情報として取り扱われる必要がある。個人情報として取り扱われる場合の規律については、上記(1)と同様に考えればよいと思われる。

Ⅲ 欧州の子会社従業員に関する新型コロナウイルス感染症に関する個人情報・プライバシーに係る情報の取扱い

1 欧州子会社による健康関連データの取扱い

(1) 個人データとしての取扱いに関する基本原則および適法化根拠

GDPR 5 条 1 項は、個人データの取扱いに関する 6 つの基本原則を定めている。従業員の新型コロナウイルス感染症に関する個人データの取扱いにおいても、これらの原則は適用されることになる。実務的には、個人データは、取り扱われる目的との関係で、適切であり、関連性があり、必要最小限の範囲に限定されていなければならないというデータ最小化の原則（GDPR 5 条 1 項(c)）に特に注意する必要がある。

【図表2】 個人データの取扱いに関する基本原則（GDPR 5 条 1 項）

- ・適法性、公正性および透明性の原則
- ・目的の限定の原則
- ・データ最小化の原則
- ・正確性の原則
- ・保存期間の制限の原則
- ・完全性および機密性の原則

また、GDPR は、個人データを適法に取り扱うことができる場合を限定列挙している（GDPR 6 条 1 項）。従業員の新型コロナウイルス感染症に関する個人データを取り扱う際にもこの規律は適用される。それぞれの場面ごとに法的根拠を検討する必要があるが、新型コロナウイルス感染症の拡大を防止し、従業員の生命・身体の安全を守るために取り扱う場合には、主に①データ主体が当事者となっている契約の履行のために取扱いが必要な場合（同項(b)）、②管理者が服する EU 法または加盟国の国内法による法的義務を遵守するために取扱いが必要な場合（同項(c)）、③データ主体または他の自然人の重要な利益を保護するために取扱いが必要な場合（同項(d)）[12]、または④管理者または第三者によって追求される正当な利益のために取扱いが必

---

11 令和2年4月22日時点での国立感染症研究所の定義によれば、濃厚接触者とは、患者（確定例）の感染可能期間（新型コロナウイルス感染症を疑う症状を呈した2日前から隔離開始までの間）に接触した者のうち、次の範囲に該当する者をいう。①患者（確定例）と同居あるいは長時間の接触（車内、航空機内等を含む）があった者、②適切な感染防護なしに患者（確定例）を診察、看護もしくは介護していた者、③患者（確定例）の気道分泌液もしくは体液等の汚染物質に直接触れた可能性が高い者、④手で触れることのできる距離（目安として1メートル）で、必要な感染予防策なしで、患者（確定例）と15分以上の接触があった者（周辺の環境や接触の状況等個々の状況から患者の感染性を総合的に判断する）（https://www.niid.go.jp/niid/images/epi/corona/2019nCoV-02-200420.pdf）。

要な場合（同項(f)）のいずれかに該当するものとして，適法に取り扱うことができる場面が多いと考えられる。

(2)　センシティブデータ（健康関連データ）としての取扱いが必要になる情報の範囲

　GDPR は，健康関連データを特別カテゴリーの個人データ（いわゆるセンシティブデータ）に含めている（GDPR 9 条）。「健康関連データ」とは，健康状態に関する情報を明らかにする自然人の身体的または精神的な健康に関する個人データをいう（GDPR 4 条15号）。健康に関する個人データとは，データ主体の健康状態と関係のあるデータであって，データ主体の過去，現在および将来における身体的または精神的な健康状態に関する情報を明らかにするすべてのデータを含むものとされている（GDPR 前文35項）。

　したがって，日本法における要配慮個人情報と同様に，ある人が新型コロナウイルス感染症に感染したという情報やその検査結果に関する情報はもちろん，日本の個人情報保護法では要配慮個人情報に該当しない検温情報もまた，健康状態に関する情報として，健康関連データに該当するものと考えられる。

(3)　センシティブデータ（健康関連データ）の取扱いに係る規律

　健康関連データを含むセンシティブデータについては，原則としてその取扱いが禁止されており（GDPR 9 条 1 項），法定の例外事由に該当する場合にのみ，適法に取り扱うことができる。従業員の新型コロナウイルス感染症に関する個人データを取り扱う際には，主

に次の各例外事由に該当するかを検討することになるであろう。

---

① 　データ主体が，明示的な同意を与えた場合（GDPR 9 条 2 項(a)）
② 　雇用・社会保障・社会的保護に関する法分野における管理者またはデータ主体の義務の履行のために必要な場合（同項(b)）
③ 　データ主体が物理的または法的に同意を与えることができない場合であって，データ主体またはその他の自然人の重要な利益を保護するために必要な場合（同項(c)）
④ 　健康に対する国境を越える重大な脅威からの保護など公衆衛生の分野における公共の利益を理由として取扱いが必要であり，データ主体の権利または自由等を保護するための適切かつ具体的措置を規定する EU 法または加盟国の国内法に基づく場合（同項(i)）

　ただし，健康関連データに関しては，加盟国が国内法で付加的な条件を定めることができるとされていること（GDPR 9 条 4 項），さらには，従業員の個人データの取扱いは，加盟国の国内法でより具体的な規律を定めることができるとされていること（GDPR88条）から，加盟国の国内法の個別の規制を確認する必要がある点には注意しなければならない。

　上記のうち①については，従業員の同意の任意性について GDPR が厳格な態度をとっていること（GDPR 前文43項，GDPR 6 条 1 項(a)・7 条，同意に関するガイドライン[13]3・1・1 ），また，同意の撤回がいつでも自由にできることから（GDPR 7 条 3 項），安易に依拠することなく，他の例外事由に該当する可能性を模索することが望ましい。実際にも，筆

12　たとえばスペインの個人データ保護機関である AEPD は，GDPR 6 条 1 項(d)の適用可能性があることを明言している（https://www.aepd.es/es/documento/2020-0017-en.pdf）が，ベルギーの個人データ保護機関は，予防措置を実施する文脈での広範囲なまたは機械的な GDPR 6 条 1 項(d)の適用には慎重な見解を示している（https://www.autoriteprotectiondonnees.be/covid-19-et-traitement-de-donn%C3%A9es-%C3%A0-caract%C3%A8re-personnel-sur-le-lieu-de-travail）。
13　Guidelines on Consent under Regulation 2016/679（wp 259 rev.01），個人情報保護委員会による仮日本語訳（https://www.ppc.go.jp/files/pdf/doui_guideline.pdf）。

者がいくつかの欧州データ保護機関のウェブサイトを調査した限りでは，同意に依拠することを推奨する旨の記載は見当たらなかった。

　この点に関連して，欧州データ保護会議（以下「EDPB」という）は，GDPR 9条2項(c)および(i)の適用可能性を示唆している[14,15]。また，アイルランドの個人データ保護機関は，GDPR 9条2項(c)および(i)に加えて同項(b)の適用可能性も示唆している。具体的にはGDPR 9条2項(i)については，同国のData Protection Act53条の規定と相まって，適切な保護措置が講じられていれば，新型コロナウイルス感染症に関するデータの取扱いが許容される旨の見解を表明している[16]。また，適切な保護措置の具体的な内容としては，データへのアクセス制限，消去の厳格な時間制限，および個人のデータ保護の権利についての適切な従業員のトレーニングなどの措置が挙げられている。GDPR 9条2項(b)については，同国の Safety, Health and Welfare at Work Act 2005 と相まって適法になりうる旨が表明されている。そして，処理されたいかなるデータも，秘匿性の保たれた方法で取り扱われなければならない，すなわち，新型コロナウイルス感染症に感染したおそれのある職場における従業員とのコミュニケーションは，特定の従業員が一般的に特定できないようにする必要があるとされている（GDPR 5条1項(f)参照）。さらには，条文こそ明示されていないが，GDPR 9条2項(c)

も根拠となりうることが示唆されている。ただし，それは緊急的な状況で，他の適法化根拠がない場合にのみ適用が許されるものであるとの留保が付されている。なお，明確な正当化事由がない限り感染者本人を特定できる情報を第三者または同僚に開示してはならないとされている[17]。

　他にも，オーストリア dsb は，GDPR 9条2項(b)および(i)が法的根拠となりうる旨の見解を表明している[18]。

　また，EU からは離脱したものの，移行期間中である英国 ICO は，条文上の根拠を明示していないが，やはりウェブサイト上で，一定の留保は付しながらも健康関連データの取得および感染疑い情報の社内共有が可能である旨の見解を表明していることからすれば[19]，健康関連データの取扱いを一定の場合には適法に行いうることを前提としているものと考えられる。

　このように欧州の個人データ保護機関の多くは，根拠条文こそ少し異なる場合があるものの，例外規定を活用して，従業員の健康・安全を守るために，健康関連データを事業者が取り扱う余地があるとの見解を示している。したがって，一般的には，これらの例外規定を活用することで，新型コロナウイルス感染症の拡大を防ぎ，従業員の健康・安全を守るために必要性の認められる範囲では，新型コロナウイルス感染症に関する従業員の健康関連データを取り扱うことは可能であると考えられる。ただし，一部の国の個人データ

14　Statement on the processing of personal data in the context of the COVID-19 outbreak. Adopted on 19 March 2020（https://edpb.europa.eu/sites/edpb/files/files/news/edpb_statement_2020_processingpersonaldataandcovid-19_en.pdf）。

15　EDPB はこのほかにも，従業員等に対して具体的な健康情報の提供を求めること，健康診断の実施の可否，新型コロナウイルス感染症に感染した従業員情報を社内共有または外部に開示することなどに関する見解も公表しているが，多くは加盟国の国内法によって結論が異なる旨が示されている。

16　Data Protection and COVID-19, 06th March, 2020（https://www.dataprotection.ie/en/news-media/blogs/data-protection-and-covid-19）。

17　その他にもアイルランドの個人データ保護機関のウェブサイトには，透明性，秘匿性，データ最小化の原則，説明責任などについても，基本的な考え方が英語で記されており，実務上の対応を考えるうえでは，大変参考になる。

18　FAQ zum Thema Datenschutz und Coronavirus（COVID-19）（https://www.dsb.gv.at/documents/22758/23115/FAQ_zum_Thema_Datenschutz_und_Coronavirus_Covid-19.pdf/7cff6131-aed3-4bf5-8515-b724c82915a9）。

19　前掲注3のリンク先。

保護機関は，企業が従業員の健康関連データを取り扱うことについて，極めて厳しい見解を表明している点には注意が必要である。たとえば，オランダの個人データ保護機関は，条文上の根拠を明示していないものの，使用者が従業員に対して新型コロナウイルス感染症に感染した場合に報告を義務づけることはもちろん，感染しているか否かを質問することすら許されないという見解を表明している[20]。これはGDPRの解釈が実は個人データ保護機関間でも温度差があることに加えて，国内法の規制，特に労働法制がそれぞれの国ごとに異なることに大きな理由があるものと思われる。日本企業としては欧州子会社と一括りにすることなく，最終的には各国の国内法も踏まえた判断が必要になることに留意しなければならない[21]。実務的には，EUの個人データ保護機関の多くがガイダンスを公表しているので，当該ガイダンスを確認して，当該機関の基本的な考え方を正しく理解することが重要である[22]。

　また，GDPR 9条2項には，企業による事業継続を目的とする健康関連データの取扱いを許容する旨を明示的に定めた例外規定が存在しないことにも十分に注意する必要がある。すなわち，日本の個人情報保護法は，「人の財産の保護のために必要がある場合」という本人同意に関する例外事由を定めており（法16条3項2号，17条2項2号，23条1項2号），ここでいう「人」には，当該個人データを取り扱っている個人情報取扱事業者も含まれるものと解されていることから[23]，

当該個人情報取扱事業者が事業活動を継続するうえで必要であれば，例外規定を活用する余地がある。他方で，GDPR 9条2項では，法人の財産上の利益を保護する場合が直接規定されておらず，あくまでも，健康関連データの取扱いを適法に行いうる余地があることが明確に認められているのは，従業員の生命・身体の安全を守ることを目的とする場合に限られている。その範囲を超えた利用については，ハードルは高いものの，従業員の明示的な同意（GDPR 9条2項(a)）のような，他の例外規定の利用を検討せざるをえないものと考えられる。

(4)　取扱いの対象となる情報

　上記(3)で述べたとおり，欧州の多くの国では，GDPR 9条2項に定める例外規定を活用することで，「必要性の認められる範囲」では，新型コロナウイルス感染症に関する従業員の健康関連データを取り扱うことが可能であると考えられている。ここで必要性の認められる範囲に限定されるのは，データ最小化の原則（GDPR 5条1項(c)）を遵守する必要があるためである。EDPBだけでなく，英国ICOやフランスCNILをはじめ，多数の個人データ保護機関も，取り扱うことができる個人データは，新型コロナウイルス感染症の感染拡大防止や従業員の生命・健康を守る義務の履行のために必要な情報に限られるべきとの見解を表明している[24]。この点は，日本と比べて欧州ではかなり厳格に考えられているところであるから，いかなる目的で，

20　https://autoriteitpersoonsgegevens.nl/nl/onderwerpen/corona/corona-op-de-werkvloer。
21　EU各国の個人データ保護機関のリストは，https://www.ppc.go.jp/enforcement/cooperation/cooperation/EU-DPA/ に掲載されている。
22　EUおよびその他の主要な国の個人データ保護機関が公表している新型コロナウイルス感染症に関するガイダンスのリストは https://iapp.org/resources/article/dpa-guidance-on-covid-19/ に掲載されている（令和2年4月22日時点）。また，Thomson Reuters社のPractical Lawのウェブサイトに掲載されている "COVID-19: Data Privacy & Security Guidance on Handling Personal Data During a Pandemic (Global) Tracker" も参照されたい。
23　個人情報保護法23条1項2号の「人」に「法人」を含むことについて，「個人情報の保護に関する法律についてのガイドライン（通則編）」3－4－1。
24　ICOについては前掲注3参照，CNILについては前掲注4参照。

いかなる個人データが必要かということを，きちんと検討・整理したうえで，収集すべき情報の範囲を決めていく必要がある点には十分な注意が必要である。

3　日本親会社に対する越境移転

欧州子会社が従業員の健康関連データを適法に取り扱うことができるとして，次に，当該データを日本の親会社に共有すること，すなわち日本へ越境移転することの可否および根拠ならびに適法に越境移転された場合の日本の親会社による取扱いに関する留意点について検討する。

(1)　健康関連データの越境移転に関する規制

この点，まず注意しなければならないのは，欧州子会社にとっては，越境移転もまた「取扱い（processing）」の一態様であるため，欧州子会社が日本の親会社に従業員の健康関連データの越境移転を行いうるのは，上記 **2** で検討したように GDPR 9 条 2 項の例外規定が適用できる範囲に限られるということである。すなわち，日本の親会社へ情報共有することが，欧州子会社の従業員の生命・身体の安全を確保することを目的とするのであれば，越境移転が認められる余地があるが，他方で，日本の親会社が，グループ会社である欧州子会社の事業継続等に関する判断を行うために，当該データを共有することが認められるかというと，そのような場面を想定した明文規定は存在しないため，任意性が否定されたり，撤回されたりする可能性があるものの，従業員の同意によらざるをえないように思われることには注意する必要がある。したがって，日本企業としては，GDPR 遵守と

いう観点からは，闇雲に欧州子会社から従業員が新型コロナウイルス感染症に感染したという情報を取得しようとするのではなく，越境移転の目的および法的根拠（例外事由該当性）を整理したうえで，情報提供を求めるべきであると言えよう。

(2)　氏名などの個人を識別しうる情報の移転の可否

また，データ最小化の原則（GDPR 5 条 1 項(c)）からすれば，日本の親会社が特定の個人を識別しうる情報を受領することが必要であるかということについては，慎重に検討する必要がある。前述のとおり，欧州の個人データ保護機関からは，取り扱われるべき個人データは，感染拡大防止や従業員の生命・身体の安全を守るために必要な情報に限られるべきであるとの見解が多数表明されている。そもそも，GDPR は，たとえデータ主体の同意があったとしても，そのことをもって，取扱いの目的との関係で GDPR 5 条に反して不必要なデータを取得等することを許容していない（同意に関するガイドライン 1)[25]。したがって，基本的には，日本の親会社としては欧州の従業員を具体的に特定できる氏名などの情報まで取得する必要性があるケースは少ないものと思われる[26]。

(3)　越境移転の方法

次に，越境移転の方法・法的根拠について検討する。日本企業が欧州子会社の従業員の個人データを日本に適法に越境移転をするための手段として実務上用いていることが多い方法は，①データ主体による明示的な同意（GDPR49 条 1 項(a)），②標準契約条項（SCC）

25　森大樹＝藤崎恵美「GDPR ガイドラインの解説　第 5 回　同意」NBL1122号56〜57頁。
26　越境移転ではなく社内の情報共有においても，従業員を特定できる情報の共有については否定的な個人データ保護機関が多い中，数少ない前向きな見解を表明しているドイツのBfDI も，例外的に予防策のために必要な場合に限られると述べている（https://www.bfdi.bund.de/DE/Datenschutz/Themen/Gesundheit_Soziales/GesundheitSozialesArtikel/Datenschutz-in-Corona-Pandemie.html）。

（GDPR46条）および③十分性認定（GDPR45条）の3つではないかと思われる。

　日本の個人情報保護法では、本人の同意によって適法に行える行為が多数あること、黙示の同意も有効と認められていることなどが主な理由だと考えているが、筆者の経験上、①のデータ主体の同意に依拠して日本の親会社への個人データの移転を行おうとする、または行っている日本企業は一定数存在しているように思われる。しかしながら、そのような根拠で越境移転することは基本的に避けるべきである。なぜならば、そもそもGDPR49条は、GDPR45条による十分性認定に基づく移転やGDPR46条による保護措置に基づく移転が困難な場合にのみ、その適用が検討されるべきものと考えられていること（「規則2016/679第49条の例外に関するガイドライン」[27] 1）[28]、さらに従業員の同意については、使用者と被用者との間に従属関係があることを考慮すると、データ主体が、拒絶の結果生じる不利益のおそれなどを感じることなく、使用者への同意を拒絶することは難しいとして、使用者が立証責任を果たすことができる限定的な場合でない限り、任意性を欠くものとして、同意の有効性は否定されるものと解されていること（同意に関するガイドライン3・1・1）[29]、同意の撤回が認められていること、などを考慮すると、従業員の同意に依拠して、当該従業員の健康関連データを日本に越境移転させることは極めて不安定であるからである。

　他方で、かつてはSCCに基づいて越境移転が行われることが最も一般的であったのに対し、2019年1月23日に欧州委員会がGDPR45条に基づき日本の十分性認定を決定

した以降は、十分性認定に基づいて越境移転が行われることが一般的な実務になっており[30]、新型コロナウイルス感染症に関する健康関連データの越境移転についても、十分性認定に基づいて行う余地があると考えられる。

(4)　日本親会社が遵守すべき規律

(ア)　個人情報保護法および補完的ルール

　十分性認定に基づいて日本に越境移転された個人データを受領した日本企業は、日本の個人情報保護法に従って当該個人データを取り扱う必要があるだけでなく、「個人情報の保護に関する法律に係るEU及び英国域内から十分性認定により移転を受けた個人データの取扱いに関する補完的ルール」（以下「補完的ルール」という）にも従う必要がある。補完的ルールにおいては、要配慮個人情報の範囲を拡張しているが、健康関連データに関する特則は定められていない。補完的ルールにおいて注意すべきは、取得時に取得の経緯の確認・記録義務を負うことになる点である（補完的ルール(3)）。

　そして、日本の個人情報保護法は、要配慮個人情報については、取得時に原則として事前の本人の同意を取得しなければならず（法17条2項）、この規律は、本人から直接取得する場合だけでなく、第三者、すなわち欧州子会社を通じて取得する場合にも妥当する。ただし、①人の生命、身体または財産の保護のために必要がある場合であって、本人の同意を得ることが困難であるとき（同項2号）、および②公衆衛生の向上のために特に必要がある場合であって、本人の同意を得ることが困難であるとき（同項3号）には、本人の同

27　Guidelines 2/2018 on derogations of Article 49 under Regulation 2016/679、個人情報保護委員会による仮日本語訳（https://www.ppc.go.jp/files/pdf/article49reigai_guideline.pdf）。
28　森大樹＝関口朋宏「GDPRガイドラインの解説　第7回　域外移転に関する例外（49条）」NBL1126号75～76頁。
29　森＝藤崎・前掲注25・NBL1122号57～58頁。
30　ただし、独立行政法人など（独立行政法人等の保有する個人情報の保護に関する法律2条、別表参照）は十分性認定の対象外であることには注意が必要である。

意なく，要配慮個人情報を取得することが認められている。

　したがって，日本の親会社が欧州の子会社から，欧州子会社の従業員の新型コロナウイルス感染症に関する要配慮個人情報を取得するときは，原則として当該従業員の同意を取得することが必要であるが，前述の①または②に該当する場合は，当該同意を取得することなく，日本の親会社が欧州子会社を通じて，当該従業員の健康関連データを取得することができる。なお，これはあくまでも日本法の規律であり，GDPR が日本の親会社に直接適用されることを意味するものではないので，ここでいう従業員の同意は，GDPRにおける厳格な規律が適用されるものではなく，黙示の同意も含むものである。実務的には，欧州子会社が対象となる従業員から新型コロナウイルス感染症に感染したという情報を知らされた際に，欧州子会社から，当該従業員に対して，日本の親会社にも情報共有する旨を伝え，その場で異議が述べられなければ，日本の個人情報保護法との関係では，欧州子会社を通じて日本の親会社が要配慮個人情報を取得することについての同意を得たものとして取り扱ってよいであろう。

　また，日本の親会社が，提供された情報単体では特定の個人を識別することができず，かつ，日本の親会社が保有する他の容易に照合することができる情報と照合しても特定の個人を識別することができない場合には，日本の親会社が受領した情報は，個人情報（法2条1項）に該当しないことになるので，そもそも日本の親会社が当該情報を取り扱う場合には，個人情報保護法は適用されないものと考えられる。

　その他の新型コロナウイルス感染症に関する従業員の情報の取扱いに関する日本法の規律に関する整理については，上記Ⅱを参照されたい。

(イ)　GDPR

　日本の親会社が欧州子会社の従業員の情報を取り扱うことになるので，日本の親会社に対して GDPR が適用されるかという点も問題となる。この点，EU に拠点（子会社）があることを前提とすると，欧州子会社の活動の過程に関連する個人データの取扱いであれば，GDPR 3条1項の適用により，日本の親会社に対して GDPR が適用される可能性があることに注意する必要がある（GDPR の地理的適用範囲（第3条）に関するガイドライン 3/2018バージョン 2.1[31]参照）。その場合には，日本の親会社にも上記2で述べたような規律が適用されることになる[32]。

　他方で，日本の親会社に GDPR が適用されない場合には，日本の親会社は，欧州子会社から提供された健康関連データが日本の親会社にとって個人データに該当したとしても，GDPR 9条を遵守する法的義務を負うことにはならないので，同条2項が定める例外的に健康関連データを取り扱うことのできる範囲に含まれない場合であっても，当該データの取扱いは許容されうる。

31　Guidelines 3/2018 on the territorial scope of the GDPR（Article3）Version 2.1，個人情報保護委員会による仮日本語訳（https://www.ppc.go.jp/files/pdf/chiritekitekiyouhanni_guideline2.1.pdf）。
32　なお，GDPR は，自動的な手段による個人データの取扱い，および自動的な手段以外の方法による個人データの取扱いであるが，ファイリングシステム（GDPR 4条6号）の一部を構成するかまたは構成することが予定されているものについてのみ適用されるので（GDPR 2条1項），日本の親会社が欧州の子会社から口頭（電話）で感染者に関する情報の提供を受けて，手書きのメモにとどめる場合には，少なくとも日本の親会社は，GDPR の適用を受けないものと考えられる。

第7章

事業継続に協力することを前提に
債権回収・与信管理に係る留意点

堂島法律事務所
弁護士 大川 治

新型コロナウイルスの感染拡大により，業種を問わず，実体経済への急激な悪影響が生じている。すでに新型コロナウイルス関連倒産が相当数発生しているが，今後も多数の企業が資金繰りに窮し，信用不安，倒産に至る可能性がある。まさに「災害」の様相を呈している新型コロナウイルスに対し，与信管理，債権保全・回収の観点で，どのように立ち向かうべきなのか。対応の方向性，留意点を検討し，実務的な対応策を紹介したい。

I はじめに

新型コロナウイルス（COVID-19。以下「新型コロナ」という）は，あっという間に世界中に拡がって WHO によりパンデミックが宣言された。各国が渡航制限・禁止に踏み切り，欧州，米国等で都市封鎖が行われ，経済活動が突然止まってしまった。日本国内で最初の感染者が出た本年1月の時点で一体，どれだけの企業がオリンピックの延期，日本全国を対象とする緊急事態宣言の発出を予測できたであろうか。筆者も，当初は，水際対策で対処できるだろう，しばらくしたら感染流行も止まるだろう，インバウンド消費に一時的にストップがかかっても旅行業・旅客輸送業等の観光関連業界だけの話で社会経済全体への影響は限定的だろうなどと楽観視していた。

しかし，現実は苛酷である。海外からの旅行客がいなくなっただけでなく，外国工場の一時停止等により，製造で必要な原材料や部品が輸入できず，国内工場のラインも止まる，建築・内装工事が止まる，設備投資需要

が冷え込む。外出自粛，休業要請で，小売業（スーパーマーケットなどの一部を除く），外食産業，エンタメ・レジャー産業へ打撃を与え，食材等を販売する卸売業も冷え込む。輸出が減少し，製造・販売業も苦しむ。もはや業種を問わず，実体経済への影響が拡がっている。零細，中小企業の苦境は甚大だ。

報道によれば，上場企業でも，売上高が3割減少する状態が半年続けば，4社に1社の割合で手元資金が枯渇するという[1]。また，わが国の新型コロナ関連の経営破綻は，4月30日17時現在で，109件（倒産79件，弁護士一任・準備中30件）に達したという（東京商工リサーチ調べ）。法的倒産に至った事業の内訳をみると，クルーズ船運航，レンタカー，国内旅行業，旅館・ホテル運営等の観光関連業界が多いが，アミューズメント施設，飲食，食料品製造販売その他，明らかに業種が拡がってきている。中国や欧州から部品等を調達できずに倒産した例もある。全国を対象とする緊急事態宣言が発出された現状において，短いスパンで景気動向が回復するとは思えない[2]。残念ながら，今後，零細・中小企業から，中堅企業にまで，経営破綻が拡がる

---

1 「大企業も資金難懸念　3割減収，半年で4社に1社枯渇」（日本経済新聞 令和2年4月12日朝刊1面）。

おそれが高い。上場企業であっても例外ではないだろう。

このような中，新規・継続的取引における与信管理，リスク管理はどうしたらよいのか。取引先からスケジュール変更の要請など，事業再建に向けた協力依頼がなされることもあろう。ひいては，自社にとって大切な得意先や仕入先が経営破綻に瀕することがあるかもしれない。自社も安泰ではない。新型コロナによる業績悪化と倒産・事業再建への備えが必要かもしれない。そこで，本章では，新型コロナと与信管理・債権回収・倒産対応という切り口で検討していきたい。

Ⅱ 新型コロナ不況の特徴を見据えた対応はどうあるべきか

今般の新型コロナによる景気後退に与信管理・債権回収・倒産対応の観点でどう立ち向かうべきか。ここは，過去の歴史を振り返って，参考となる視点，注意すべき点は何かを考えてみたい。また，新型コロナによる不況の性質・特徴を見据えた債権保全・回収等の大きな方向性，考え方を検討したい。

1 過去の景気後退での経験

平成以降で考えてみると，大規模な景気後退は，1990年代初頭のバブル経済の崩壊，2008年のリーマンショック，2011年の東日本大震災などが原因になり，発生した。

バブル経済の崩壊の影響は甚大で，倒産件数の急増をもたらした。結果として，民事再生法などの倒産法制の整備，事業再建の手段の多様化につながった。債権回収事案も数多く発生し，筆者も多くの案件を取り扱うことになった。これらを経験する過程で，各企業

は，債権回収・保全のための法的なノウハウを蓄積し，与信管理手法を洗練させた。企業格付けの精度が向上し，倒産予知モデルの開発と実践などにより，粉飾等によるサドンデスを除いて，事前に相応の債権保全策を採りうる状況になった。

リーマンショックは，金融システムの機能不全から実体経済への悪影響を広範にもたらした。しかし，わが国では，バブル崩壊後の経験がある意味で役立ち，倒産件数が増加はしたが急増する事態にまでは至らなかった（中小企業金融円滑化法等の政治の動きも影響したであろう）。債権保全・回収の観点でも，窮境にある企業は，まず金融債務を対象とする私的整理を模索するようになり[3]，事業会社の有する商取引債権がただちに焦げつくということは減少した。

東日本大震災は，近年，わが国が経験した試練の中でも最大のものであり，震災関連倒産が9年間で2,000件を超すなど（帝国データバンク調べ），社会経済への影響は甚大であったが，サプライチェーンマネジメントの重要性，BCP対策等，企業経営継続の観点で学ぶところは大きかった。

これらの試練を経てきた各企業の経験，知識は，新型コロナがもたらす不況に対しても大いに役立つはずである。

2 急激な景気後退への備えは十分か？

一方，倒産件数の推移についてみると，東日本大震災以降，日本全体で見ると，一貫して減少傾向にあった。とりわけ，法的倒産手続，なかでも民事再生件数の減少幅は大きかった（ピーク時（平成20年頃）の5分の1程度）。

結果として，近年では，実際に売掛金等が

<hr />

2 リスクモンスター株式会社の調査によれば，新型コロナの影響が令和3年以降も続くと回答した企業が約25％となっている（https://www.riskmonster.co.jp/mailmagazine/post-5789/）。
3 株式会社企業再生支援機構（現在の株式会社地域経済活性化支援機構），事業再生ADR，中小企業再生支援協議会等の準則型私的整理手続が整備されたことの影響が大きい。

焦げついて債権回収のための方策をとるという案件が減少していた。企業格付け，取引信用保険等の洗練された与信管理策を採用する上場企業等では，経験年数の比較的浅い法務部員，リスクマネジメント部員，審査部員たちが実際の債権回収を一度も経験したことがないという状況とも聞く。

　果たして，企業は急激な景況悪化と倒産件数の増大に対応しうるだろうか。これは，新型コロナ不況による取引先の事業停止・倒産に対処するうえで，懸念点の1つである。

3　新型コロナは「災害」である

　新型コロナによる不況は，過去の景気後退の態様と比べて，どうであろうか。

　まず，突然の出来事あり，人間にコントロールできない（少なくとも本稿執筆の4月時点では特効薬もワクチンもない）未知のウイルスという「自然」が相手であるという点で，バブル経済崩壊やリーマンショックとは性質の異なる，東日本大震災のような「災害」による不況と整理できる[4]。

　大災害と比較するのは不謹慎という声があるかもしれないが，新型コロナも多数の感染者が現れ，一定の範囲で重症例，重篤例が生じて死亡者が現れているので，「災害」として扱うのが理に適う。

　さらに，新型コロナの場合は，風水害，地震のような自然災害よりも，たちが悪い点がある。自然災害の多くの場合，一定の地域，地方が対象であり，逆に言うと被災していない地域が必ずある。国全体としての社会経済活動を維持しつつ，被災地の復旧・復興を目指すための具体的な対応策を策定でき，将来への展望を持つことができる。ところが，今回の新型コロナは，どこか一定の地域，地方

の話ではない。世界中に感染が拡がり，地球上に逃げる場所などどこにもない。わが国でも，ほぼ全都道府県に感染が拡がっており，誰でも感染するおそれがある。一歩間違えると感染爆発による医療崩壊が起き，救える命が救えないという悲惨な事態が起こりうる。それを避けるためには，国民が外出を控えて社会的接触を減らすしかない。自然災害では，「被災者」と「被災していない者」がいる。しかし，新型コロナでは，国民みんなが言わば「被災者」なのだ。被災地以外の人々が経済活動を継続することで被災地を支援し，危機を脱するということができない。

　全国的に感染者数の増加率が有意に減少し，新型コロナの終息宣言が出るまでは，特に外食産業，小売業（スーパーマーケットなどの一部を除く），エンタメ・レジャー産業，観光産業の苦境は続くだろう。そして，これらの企業を取引先とする卸売業その他の業界の業績悪化も続く。国内で終息宣言が出ても，諸外国での蔓延状況に変化がなければ渡航制限を緩和できず，グローバルな移動を前提とする産業では苦境が続くだろう。外出しての社会生活ができないのが消費冷え込みの原因であり，少なくとも本稿執筆の4月時点では，所得減少による買い控え等が原因となった消費冷え込みではない。現金給付，減税や公共投資は，一時的に安心感を与えるかもしれないが，外出してお金が使えるわけではないので需要喚起にただちにつながるわけでもなく，休業している外食産業，小売業にただちにプラスになるわけでもない。とにかく新型コロナの蔓延状況を何とか乗り越えるしかない。しかしそれには，一定の期間を要するだろう。

　そうすると，その間，休業により，突然

4　津久井進弁護士をはじめとする有志弁護士らは，新型コロナについて災害対策基本法等の災害法制を適用するべきとして，令和2年4月16日，「災害対策基本法等で国民の生命と生活を守る緊急提言」を行っている（「コロナ禍に災害法制適用を弁護士 FB 投稿に全国から共感」（神戸新聞 NEXT 令和2年4月20日付, https://www.kobe-np.co.jp/news/sougou/202004/0013284023.shtml）。

キャッシュ・フローが絶たれる小売業や外食産業等，需要の極端な落ち込みに苦しむ観光産業その他の産業等について，企業倒産，労働者の失業を最小限に抑えるための政府等による強力な支援が迅速かつ実効的に行われることが必要不可欠である。これまでとは次元の異なる，発想を大きく変えた思い切った対策が必要だと思う。

　一方，先行きが不透明すぎて不用意な楽観は禁物なものの，新型コロナによる不況には，地震，津波や水害といった自然災害と違う点がある。自然災害では，店舗や製造設備等が損壊・流出する被害を受けていて，営業，操業再開に時間がかかるという問題があるが，新型コロナによって製造設備等が物理的被害を受けているわけではない。感染蔓延時期を乗り切り，その間，倒産を免れて事業継続が可能であれば，比較的，短期間で再起することも不可能ではないだろう。

4　最良の債権保全・回収の手段は，事業の存続を支援すること

　そう考えると，この新型コロナ不況による取引先等の信用不安において，与信管理，債権保全・回収の観点から何をするべきなのかはおのずから見えてくる。

　短期的な視点で，自社債権の回収に走ることはかえって債権回収を難しくする。取引先が今，債務を支払えないのは，経営努力の不足等による本業の劣化（営業損失の継続・拡大）が原因ではなく，突然の新型コロナの蔓延，突然の外国人旅行客等の激減，突然の休業・時短営業要請，突然のグローバル・サプライチェーンの寸断等による売上の極端な急減が原因なのだ。キャッシュ・フローが止まっている先から強引に回収すれば，資金を枯渇させるだけで，持続的な債権保全・回収

にはつながらない。取引先が倒産してしまえば元も子もない。経済危機時に失業者を生み出してどうしようというのか。取引先の状況を正確に把握したうえで，新型コロナが原因の一時的な苦境と判断できれば，むしろ，事業の存続，再建に協力するべきだ。それこそが長い目で見た場合の回収の最大化につながりうる。まさに，「『競争から協調』へとモードを変える」必要があるのだ[5]。

　金融機関や事業会社等の債権者が，債務者の事業再建にどうかかわっていくべきか，どのような支援がありうるかは，過去の景気後退の経験を通じて，多くの蓄積があるはずだ。

5　通常の債権保全・回収方策をとるべき場合と問題点

　一方で，中小企業金融円滑化法のもとで債務返済の暫定的なスケジュール変更（リスケ）の措置を受け，その後も，抜本的な事業再建ができないまま，リスケの継続を受けていた企業もある。そのような企業は，もともと体力がなかったわけであるから，新型コロナによる景気悪化の直撃を受ければ，もはや持ちこたえられず倒産してしまう可能性がある。近年，倒産件数は減少していたが，それとてもアベノミクス以降の比較的良好な景況感を背景にしていた。新型コロナ蔓延による急激な景気後退により，体力の乏しい零細・中小企業の倒産が急増する可能性は十分あり，実際，倒産・倒産予備軍が日々増えているとみるべきである。近年は，後継者不足等による中小企業等の廃業（休業，解散）も増えていたが，新型コロナの影響で，時間的・資力的な余裕がなく，倒産に至る企業も増えるだろう。こうした企業が自社の取引先であれば，売掛金等の債権の保全・回収を速やか

5　梅屋真一郎＝佐々木雅也＝森健「政府は速やかに『雇用維持宣言』を　～新型コロナウイルスが日本経済と雇用に及ぼす影響～」（株式会社野村総合研究所未来創発センター，https://www.nri.com/jp/keyword/proposal/20200324）。

に図る必要が出てくる。

　しかし，今のわが国の企業全体として，このような急激な景気後退と倒産急増に即対応できる態勢が整えられているだろうか。景気循環等による景気後退であれば，ある程度の時間的余裕があるので，リスク管理体制を整え，取引先の倒産を見据えた態勢をとることができるかもしれない。しかし，新型コロナは，「災害」だ。突然かつ急激な景気後退と倒産急増を引き起こしうるし，現に引き起こしつつある。しかも，前述のように，債権の保全・回収の経験を豊富に持つ法務パーソン，審査・リスクマネジメントパーソンも減っていると思われる。果たして十分な対応ができるのか？　これが新型コロナと債権保全・回収に関する問題点・懸念点の１つである。

　もう１つの問題は，債権保全・回収のための「現場」での情報収集・交渉に難があると思われる点である。なにしろ，新型コロナの市中感染が起きて広く外出自粛，テレワークが求められている現状である。もちろん，債権保全・回収は，不要不急どころか，急を要する場面である。しかし，感染していても無症状，軽症の場合がある点が新型コロナの厄介なところである。自社の従業員が債権保全・回収のために現場に飛び出していって取引先と折衝する際に，新型コロナに感染するかもしれないし，逆に取引先の役職員を感染させてしまうかもしれない。もし，本当にそのようなことが起きた場合にどうなるのか？こうした問題は，これまで必ずしも十分に検討できていなかったのではないかと思われる。

　もちろん，これまでも，たとえば，債権回収交渉の際に，自社の従業員が取引先関係者から何らかの危害を加えられるという場面が想定できないわけではなかった（債務者側に，反社会的勢力との関連が疑われる整理屋が

介入した場合等）。しかし，そのような場面が頻発するわけではなく，債権保全・回収業務に関与するうえで，通常必要になる注意を払って対応すればそれでほぼ問題となることはなかった。新型コロナは，３密の場所はもちろん，それ以外の場所でも感染するリスクがあるし，応対した相手方に感染させてしまうリスクもある。自社役職員が感染した場合，会社の責任はどうなるのか，取引先の役職員が感染した場合，責任が発生する可能性があるのかなど，これまであまり考えてこなかった要素を考慮する必要があり，話は複雑である。

6　小　括

　以上のとおり，債権保全・回収，与信管理の観点で対応策を検討するうえでは，新型コロナを「災害」，それも相当手強い災害としてとらえる必要がある。さらに，新型コロナには，これまでの自然災害とは異なる点があり，従前の経験則では対応できない場合がありうる。これに対峙する法務部員，審査部員は，慎重に，かつ，枠にとらわれない柔軟な発想で対処しなければならない。

Ⅲ　窮境にある取引先の持続可能性を高める与信管理

1　得意先・仕入先の状況を踏まえた対応の必要性

　新型コロナの影響により，急激な売上の減少等に直面している得意先，仕入先，貸付先がある場合，今，必要とされているのは，売掛金や貸付金の回収，仕入契約の解除に注力することではない。

　得意先等から本来の支払時期に支払がなかった，または，支払時期に先立って，支払猶予の依頼が自社宛てにあったとしよう。この情勢下においてすべきことは，契約どおり

支払ってくださいと杓子定規に要求すること
ではない。まずは，得意先等が置かれている
状況について，十分に正確な情報を集めるこ
とだ。新型コロナ禍においては，皆が一種の
被災者だ。当社は，得意先から売掛金をきち
んと回収したいだろうが，得意先も当社から
安定的に仕入ができるのか疑念を持っている
かもしれない。当社の仕入先や取引金融機関
は，当社が買掛金を払えるのか，借入金を返
済できるのか，心配になっているかもしれな
い。この新型コロナ不況では，誰もが苦境に
陥りうる。お互いにコミュニケーションをと
り合い，正確な情報を集めること，正確な情
報を伝えることが肝要である。

そのうえで，得意先や仕入先の苦境が主と
して新型コロナの影響によるものと判断でき
た場合，現下の厳しい状況を，ともに乗り
切って事業を継続することを最優先するべき
だ。自社の債権を回収できても得意先が倒産
してしまったら，今後の売上先がなくなって
しまう。新型コロナの影響は，特定の得意先
だけでなく，産業界全般に生じているのだ。
死屍累々となってしまっては元も子もない。
自社の存続さえ危うくなるかもしれない。ど
うやって経営を維持するか，サプライチェー
ンを維持するか，社会経済を維持するかとい
う大きな視点が必要である。

2　資金繰り支援等の取組み

新型コロナによる倒産が増えていくと社会
経済への影響が大きく，地域経済の衰退加速
が避けられない。資本金1,000万円未満の中
小・零細企業では，手元資金が約2.4カ月分
であるとの報道もあり[6]，資金枯渇は目前で

ある。大企業も盤石ではない。手をこまぬい
ていると，連鎖倒産が起きる可能性もある。
失業者が大量に現れれば，再就職に時間がか
かる。ますます景気回復は遠のく。

そこで，新型コロナの深刻な影響を前に，
官民あげての資金繰り支援等の取組みがなさ
れている。これらの仕組みを活用すること
で，得意先も仕入先も，そして，自社も事業
継続の希望が見えてくる。主だったところを
概観したい[7]。

(1)　金融庁等の取組み

令和2年3月27日，バーゼル銀行監督委員
会の上位機関である中央銀行総裁・銀行監督
当局長官グループが，新資本規制（バーゼル
3）の適用を1年間延期して令和5（2023）
年1月に繰り下げることとした。また，令和
2年4月8日には，金融庁と日本銀行が，銀
行の貸出余力を高めるために資本規制の一部
緩和に合意したことが挙げられる。これによ
り，資金繰りに苦しむ企業への貸出促進にな
る。

東京証券取引所が，決算発表時期の柔軟化
と影響判明時の適時開示を要請するほか，上
場廃止基準についての制度改正（新型コロナ
の影響で債務超過となった場合の上場廃止基準
における改善期間1年を2年に延長等）に取り
組むなど，上場企業の信用維持を支援してい
る[8]。

そして，金融庁は，①金融機関に対し，事
業者の資金繰り支援を要請し[9]，②保険会社
に対し，保険料払込み，契約更新に猶予期間
を設ける等の措置を要請し[10]，③金融機関に
対し，事業者が財務制限条項（コベナンツ）

6　日経ビジネス2038号（令和2年4月20日号）・14頁。
7　大川友宏「資金繰り支援と事業再生」旬刊商事法務2228号54頁がコンパクトに制度を紹介しており，参考になる。
8　株式会社東京証券取引所「新型コロナウイルス感染症の影響を踏まえた適時開示実務上の取扱い」（令和2年2月10日）な
　　ど。
9　金融庁「新型コロナウイルス感染症の影響拡大を踏まえた事業者の資金繰り支援について（要請）」（令和2年3月6日）
　　以降，再三にわたって要請がなされている。
10　金融庁「新型コロナウイルス感染症に伴う金融上の措置について（要請）」（令和2年3月13日）など。

に抵触している場合でも機械的・形式的に取り扱わないこと等を要請し[11]，④一般社団法人全国銀行協会等に対し，新型コロナの影響により支払ができない手形小切手や電子記録債権につき，不渡り・取引停止処分等について配慮する等の要請をするなど[12]，事業者の資金繰り支援の実現のためのさまざまな取組みを行っている。

これを受けて，全国銀行協会は，令和2年4月16日付けで全国の手形交換所に対し，新型コロナの影響によって，支払期日を過ぎた手形・小切手であっても取立てや決済を行えるようにすること，資金不足により不渡りとなった手形・小切手について，不渡報告への掲載・取引停止処分を猶予することを通知している。同様に，全銀電子債権ネットワーク（でんさいネット）も，「でんさいの支払不能処分等について，十分に配慮する便宜的な取扱いを行って」いる旨公表している[13]。

また，財務省も，新型コロナの影響により厳しい状況にある納税者に対する税制上の措置として，①新型コロナの影響により事業等に係る収入に相当の減少（前年同月比20%以上）があった場合，1年間，無担保・無延滞税での国税納付猶予（令和2年2月1日から令和3年1月31日までに納期限が到来する所得税等が対象），②税務申告・納付期限の延長（4月16日まで。同月17日以降も柔軟に受付），③欠損金の繰り戻しによる還付の特例，④固

定資産税・都市計画税の減免などを検討している[14]。同様に，地方税の納税猶予等（総務省），社会保険料の猶予等（厚生労働省）などが検討されている。

(2) 経済産業省等の取組み

政府や地方自治体は，新型コロナによる企業への影響を緩和し，支援するためのさまざまな施策を用意している。

政府が用意した資金繰り支援に関する主な制度は，大きく分けて，信用保証制度（民間金融機関による信用保証付き融資）と融資制度（政府系金融機関による融資）からなる。信用保証制度としては，「セーフティネット保証」[15]，「危機関連保証」[16]が用意されている。また，政府系金融機関による融資として，売上高が減少している事業者を対象に，「新型コロナウイルス感染症特別貸付」（日本政策金融公庫および沖縄振興開発金融公庫），「危機対応融資」（商工組合中央金庫）が用意されており，これに「特別利子補給制度」（日本政策金融公庫）を併用することで，実質無利子で資金を借り入れることができる。その他，「新型コロナウイルス対策マル経融資」[17]，「セーフティネット貸付の要件緩和」，飲食店，旅館業等の「生活衛生関係の事業者向け融資制度」などが用意されている。

これらのほか，令和2年度補正予算[18]の成立が前提となるが，新型コロナの影響によ

11　金融庁「『新型コロナウイルス感染症緊急経済対策』を踏まえた資金繰り支援について（要請）」（令和2年4月7日）。
12　金融庁「新型コロナウイルス感染症の影響を踏まえた手形・小切手等の取扱いについて」（令和2年4月16日）。
13　全国銀行協会「新型コロナウイルス感染症の影響を踏まえたでんさいの取引等に関するお知らせ」（令和2年4月16日）。
14　財務省ウェブサイト（https://www.mof.go.jp/tax_policy/keizaitaisaku.html）参照。
15　経営の安定に支障が生じている中小企業者を，一般保証（最大2.8億円）とは別枠の保証の対象とする資金繰り支援制度。一般枠とは別枠（最大2.8億円）で，幅広い業種で影響が生じている地域（新型コロナについては全都道府県）について借入債務の100%を保証する4号と，特に重大な影響が生じている業種（令和2年4月8日現在で738業種）について借入債務の80%を保証する5号がある。
16　全国・全業種（一部対象外がある）の事業者を対象に，売上高が前年同月比15%以上減少する中小企業・小規模事業者に対して，さらなる別枠（2.8億円）で保証するもの。
17　小規模事業者経営改善資金融資（通称：マル経）の特例措置。マル経は，商工会議所・商工会・都道府県商工会連合会の経営指導員による経営指導を受けた小規模事業者に対して，日本政策金融公庫等が無担保・無保証人で融資を行う制度であり，新型コロナの影響により売上が減少した小規模事業者の資金繰りを支援するため，通常2,000万円の融資枠に，別枠1,000万円の融資限度額を設けるもの。
18　令和2年4月20日の臨時閣議で，一律給付10万円等を組み替えるため，令和2年度一般会計補正予算（第1号）等の変更が決定されており，報道によれば4月中の決定を目指すという。

り，売上が前年同月比で50％以上減少している者に対し，法人は200万円以内，個人事業者等は100万円以内での給付を行う「持続化給付金」制度が導入される見込みである。

また，緊急事態宣言を受けて休業する事業主が，雇用の維持を図るために労働者に休業手当を支給した場合，「雇用調整助成金」制度を活用できる。同制度は，もともと，経済上の理由により，事業活動の縮小を余儀なくされた事業主が雇用の維持を図るために休業手当の支払に要した費用を助成するものである。しかし，従前から，自然災害に伴う経済上の理由による休業の際にも特例措置がとられてきた[19]。新型コロナもまさに「災害」であるから，本制度が活用されるに相応しい。そこで，厚生労働省は，新型コロナの感染拡大防止のため，令和2年4月1日から6月30日までの緊急対応期間中に，全国で「新型コロナウイルス感染症特例措置」（要件の緩和や助成率の引上げ等の措置）をとることとしている[20]。休業する事業者は，人件費等の固定費用に苦しんでいるが，この制度を活用することで人件費負担が軽減されて資金繰りができる。労働者の雇用が確保され，事業のスムーズな再開が可能となる。景気回復には，雇用の維持が鍵となる。一度失業してしまうと，再就職は容易ではなく，仮に新型コロナの蔓延が収束したとしても，景気回復に悪影響をもたらす。雇用調整助成金の特例拡充は理に適ったものであり，積極的な活用が期待される。

これらの施策は，日々，見直されている。その詳細や相談窓口および最新の情報は，経済産業省や厚生労働省のウェブサイト，各地方自治体のウェブサイトに掲載されているので参照されたい。

⑶　ファンドによる出資等による支援

さらに，政府が日本政策投資銀行を通じた大企業向け1,000億円の，地域経済活性化支援機構（REVIC）を通じた中堅・中小企業向け最大1兆円の出資枠をそれぞれ設ける旨の報道がされているほか，メガバンク3行等が数千億円規模の新型コロナ対応ファンドを立ち上げている。これら出資等による積極的な支援が期待される。

⑷　飲食店舗・施設等の休業損失，賃料負担等に対する支援

新型コロナによる外出自粛により，飲食等の店舗や施設は売上高が極端に落ち込み，極めて厳しい状況にある。

政府は，一貫して補償はしないとの姿勢を示しているが，これに対し，東京都などの地方自治体が，緊急事態宣言の発令に伴って休業要請に応じた事業者に対し，独自に「感染拡大防止協力金」を支払うことを決定している（東京都の場合，支給額は50万円，2事業所以上で休業に取り組む事業者には100万円など）。報道によれば，政府は，緊急経済対策に盛り込まれた「地方創生臨時交付金」1兆円を原資として各自治体が事業者に対する協力金を支払うことを容認したとのことである。

また，新型コロナにより休業・時短営業を余儀なくされている飲食店等は，賃料，光熱費，人件費等の固定経費に苦しんでいる。このうち，人件費については，前述のとおり，雇用調整助成金の活用が考えられる。問題は賃料債務である[21]。この点については，まず，国土交通省が，令和2年3月31日に各不

19　記憶に新しいところでは，東日本大震災，熊本地震，北海道胆振東部地震，令和元年の台風15号，19号などの際の特例がある。

20　詳しくは，厚生労働省のウェブサイト（https://www.mhlw.go.jp/stf/seisakunitsuite/bunya/koyou_roudou/koyou/kyufukin/pageL07.html）を参照されたい。

21　賃料減免を求める法的構成として，民法536条1項の（類推）適用，同法611条1項の（類推）適用のほか，借地借家法32条の適用（普通借家の場合），事情変更の法則の適用が考えられる。

動産関連団体に対し，賃料支払が困難な事情があるテナントに対する柔軟な措置の実施の検討につき，同各団体加盟の事業者に対する周知を要請した。これに関連し，国税庁は，不動産を賃貸する所有者等が賃料を減免した場合，災害時と同様に，免除による損失を寄附金ではなく税務上の損金として計上できることを明確化した[22]。

これにより，賃料負担に苦しむテナント等の事業者の支援策が打ち出されたが，他方で，賃料収入の減少は，賃貸不動産の所有者にとって死活問題である。報道によると，三菱地所株式会社などの大手不動産会社は，賃料の一時猶予等に応じているというが，不動産の所有者全般が資金的に潤沢とは限らない。賃貸不動産の所有者も，不動産の取得や建築費用を借入で賄っている場合が少なからずあり，賃料収入が途絶えれば借入の返済に窮し，最悪の場合，抵当権を実行されるといった苦境に陥りかねない。また，不動産投資信託（REIT）に組み込まれた不動産の場合，投資家が存在するから，賃料の猶予・減免に応じることに対してもハードルが高い。

前述のとおり，賃料を減免した場合，損金計上可能とされたほか，一定程度以上の賃料収入減少があれば1年間の税金・社会保険料の納付猶予や固定資産税・都市計画税の減免の対象になりうる。しかし，これだけでは不十分で，テナント等が賃料支払を継続できるような方策が必要ではないか。公益社団法人全国宅地建物取引業協会連合会が4月17日に政府に対し，中小・小規模事業者に対する賃料助成制度の創設を要望している[23]。政府からは，「地方創生臨時交付金」を財源として賃料助成をすることは可能との回答が得られ

ているとのことである。さらに，4月28日，野党が事業者家賃支払支援法案を衆議院に提出しており，立法による解決がありうる（4月30日現在）。

(5)　小　括

こうした官民をあげた取組みは，さまざまな批判もあるものの，適切かつ適時に運用され，活用されれば，新型コロナの影響を受けて苦境にある事業者が倒産してしまうことを回避し，この「災害」を乗り越えて事業継続することを強力に後押しするものである。

3　新型コロナ特例リスケジュール

各都道府県には，中小企業再生支援協議会（以下「支援協」という）が置かれ，窓口相談や債権者調整等を含む再生計画の策定支援など，中小企業の事業再生を支援する業務を行っている（中小企業庁の定める「中小企業再生支援スキーム」に再生計画を策定する際の手順や要件が定められている。以下，これによる私的整理を「支援協スキーム」という）。いわゆる準則型私的整理手続の1つである。

新型コロナによる影響を受け，既存の金融債務等の支払に窮することとなった中小企業の負担軽減を図るべく，令和2年4月1日，新たに「新型コロナウイルス感染症特例リスケジュール実施要領」が導入され[24]，支援協による「新型コロナウイルス感染症特例リスケジュール」（以下「特例リスケ」という）の計画策定支援が行われることとなった。

新型コロナの影響を受けた中小企業は，急激な売上減少により，既存の借入金の返済や運転資金の確保など，直近の資金繰りに苦しんでいることが多い。本来，支援協スキーム

22　これらについては，国土交通省の令和2年4月17日事務連絡「新型コロナウイルス感染症に係る対応について（補足その2）」がわかりやすい。賃料減免のための覚書案まで付されている（https://www.mlit.go.jp/common/001341221.pdf）。
23　公益社団法人全国宅地建物取引業協会連合会「坂本会長が菅官房長官に賃料助成制度を要望」（令和2年4月17日，https://www.zentaku.or.jp/news/4756/）。
24　https://www.chusho.meti.go.jp/keiei/saisei/2020/200406saisei.pdf。

は，中小企業の財務および事業の調査分析を通じてその状況を詳しく把握し，具体的かつ実現可能な再生計画案を作成するという手順をとる。しかし，そのようなステップを踏んでいる余裕がない。そこで，新型コロナで一時的に業況が悪化し，1カ月の売上高が前年または前々年と比較して5％以上減少した中小企業に対して，事業改善の可能性の検討を待たず，1年間の特例リスケの要請，資金繰り計画の策定を支援することで，新型コロナにより影響を受けた地域経済の活力の再生を図ることとしたわけである。この新型コロナ不況を乗り切るために，積極的な活用が期待されるし，対象債権者の積極的な協力が求められることになろう。

4　債権者としての取組みはどうあるべきか

　さて，以上を踏まえて，債権者としての与信管理，債権保全・回収への取組みはどうあるべきか。債権者の属性を，金融債権者とそれ以外の事業会社に分けて検討する。

⑴　金融機関としての取組み

　金融機関については，前述のように，金融庁から，債務の条件変更・新規融資等の事業者の実情に応じた万全の対応が要請されている。これを受けて，各金融機関では，融資先等の事業者への資金繰り支援を日々行っているのが現状だろう。

　金融庁からは，「新型コロナウイルス感染症を踏まえた金融機関の対応事例」[25]（以下「対応事例」という）も公表されており，金融機関は，当面，これを踏まえた対応をとることが期待されている。上記対応事例には，「条件変更・新規融資等の対応」として，相談があった場合の無審査での3カ月元金据置・期限延長や，過去の事業実績の評価に基づいて事業を継続させていくため1年間元金据置・期限延長や，最短即日，最大でも3営業日以内で融資判断するコロナ対応の緊急ファンドの創設などが紹介されている。また，「事業者のテナント料負担が軽減されるよう，テナントビル所有者への融資について，1年間の元金据置を実施」した例が紹介されているが，これなどは前述2⑷の賃料負担軽減のための支援策ともなっている。「事業者からの更なる条件変更の相談について，通常であればバンクミーティング等の調整に数週間を要すところ，メイン行として関係者と個別に調整し，約10日で対応」との事例も，新型コロナで業況が悪化した際の再建支援策としての意義がある。

　対応事例の「金融機関の態勢」には，「事業者の融資ニーズを確認してから何日経過しているか，受付審査の状況等を集計。案件進捗・滞留案件の状況について管理」，「コロナ対策融資は一括して本部決裁（電話で可）とし，本部に案件を集約することで，迅速な指示等を通じて対応をスピードアップ」，「業績評価において，コロナの影響を受けた事業者の支援のために既存融資の条件変更や新規融資を行った場合に加点する取扱いを実施」などが紹介されており，金融機関として，どのように取り組むべきかの指針となろう。その他，「書面等の省略・簡素化」，「事業者の本業支援」，「他機関との連携」などの事例が紹介されている。

　金融機関としては，新型コロナの影響を受けた融資先の倒産を回避するために，金融庁の要請や，官民あげての新型コロナ対策の状況を注視しながら，柔軟かつ迅速な取組みを継続するべきだと考えられる。ここでは，債権保全・回収の観点を，「中・長期的な回収可能性を高める」というモードにシフトさ

25　https://www.fsa.go.jp/news/r1/ginkou/20200420/02.pdf。

せ，融資先の事業継続を支援する対応が求められる。

また，金融機関としては，金融庁が対応事例を公表していることの意義を重く受け止める必要がある。対応事例の公表を通じて，金融機関の取組みを促進しようというのが金融庁の狙いであろうが，他方で，債務者側も対応事例を目にするということである。債務者も生き残りをかけて，対応事例を検討し，金融機関に対して，同様の対応を求めてくることが考えられる。事業再生に長けた弁護士等の専門家も，対応事例を武器に，金融機関債権者に対し，さまざまな要請・働きかけをしてくることであろう。それも踏まえての取組みが必要となる。

⑵ 事業会社としての取組み

㋐ 基本は協力姿勢

事業会社が債権者である場合においても，取組みの基本姿勢は，金融機関と同じである。得意先（債務者）が窮境に陥った場合，まずは，事業が継続できるように協力するべきである。

後述のように，得意先に信用不安が生じた場合は，さまざまな債権保全・回収策を講じることになる。しかし，新型コロナの影響で急激に売上を減らしたような得意先に対し，新規与信をしない（新規取引の中止），取引条件を厳しくする（支払サイトを短くする），担保を提供させる，反対債権と相殺してしまうといった方策をとることは，得意先の倒産リスクを高め，ひいては自社の首を絞めることになりかねない。

前述のように，官民をあげての資金繰り支援の方策がとられているから，既存債権のリスケ等は，まずは，金融機関債権を対象として行われることになる。得意先がいきなり法的倒産手続をとるということはなく，前述の支援協スキームにおける特例リスケの利用

や，その他の準則型私的整理，または全く任意での私的整理が模索されることになろう。その場合，主として対象となるのは，金融機関債権であり，事業会社の有する商取引債権がただちに毀損するというわけではない。むしろ，今後の事業継続のため，商取引債権は，できるだけ保護する方向で扱われるだろう。商取引が継続できなければ，事業の価値が急速に毀損されてしまい，新型コロナの蔓延にひと区切りがついても，もはや再建が望めなくなるからである。

そうすると，事業会社としては，得意先から，取引継続の要請があれば，基本的にはこれに応じるべきであるし，一時的な買掛金等の支払猶予や手形・電子記録債権の満期変更要請があれば，慎重に検討したうえで，なるべく協力するべきである。

もちろん，要請があったからといって，何でも受け入れなければならないわけではない。債権者にも，従業員，仕入先や取引金融機関などの債権者，株主など多数の利害関係人がいる。自社の債権が焦げついて財務状況が著しく悪化するなどのことがあってはならない。また，自社にとって経済的に著しく合理性を欠く行為をした場合，株主等から役員個人の責任が追及されることがある。したがって，債権者としては，得意先などの債務者の業況，当面の資金繰り等について，十分なヒアリングや裏づけをとって，きめ細かく実態を把握しなければならない（情報収集の重要性は前述のとおりである）。また，金融機関等からの資金繰り支援の状況もよく確認する。こうして収集した情報を分析したうえでの協力でなければならない。得意先に協力する場面においても，正確な情報に基づくリスク管理が不可欠である。

㋑ 仕入先・業務委託先・下請先のリスク管理

事業会社としては，得意先（債務者）に対

するリスク管理だけでなく，仕入先，業務委託先，下請先（以下「仕入先等」という）に対するリスク管理も必要である。仕入先等に対しては，買掛金等の債務を負担しており，仕入先等から見ると，自社が債務者の立場である。しかし，仕入先等は，製品・部品等を製造したり，受託業務を遂行して，納品等をする義務を負っている。これらの仕入先等に対する債権（製品引渡義務など。また，契約不適合責任に基づく債権を取得することもある）のリスク管理も必要である。

その観点でみると，仕入先等から納品等を受けられなくなるデリバリーリスクが実現する可能性が高まっていることがわかる。新型コロナの影響は産業界に広く生じている。とりわけ，グローバルな調達を要する電気製品その他の部品メーカーや，それらの商品を扱う商社・卸売業者は直撃を受けている。世界各地の工場操業停止などによってグローバルなサプライチェーンが寸断されて原材料等が調達できず，製造を継続できなかったり，外出自粛による販売減等，さまざまな要因が絡み合っている。

状況によっては，これらの仕入先等の事業継続を支援する必要が出てくる。そうでなければ，自社の得意先に対する供給責任を全うできない可能性が出てくるからだ。ここでも，十分な情報収集により，仕入先等の経営状況を把握し，取引条件の見直し（取引サイトの短縮や，手形払を現金払に変更する等）その他による支援を図っていく必要があろう。また，仕入先等の技術力，製造能力が今後の自社の経営上，不可欠な場合，自社がスポンサーとなって，仕入先等を救済する（仕入先等に，支援協スキームその他の準則型私的整理手続や，場合によって再建型法的整理の選択を勧めるなど）ことも視野に入ってくる。

(ウ) その他の留意点

新型コロナの影響は広く実体経済に及んでいるが，得意先や仕入先等が属する業界ごとに，多少の相違があるように思われる。事業会社としては，得意先等の属する業界の状況や，事業の特徴も踏まえてのリスク管理が必要である。

たとえば，新型コロナの影響を大きく受けることが見込まれるのは，自動車産業である。自動車メーカーは，世界各国で工場の操業停止，生産調整を余儀なくされているだけでなく，外出の自粛により自動車の販売機会が減少している。同じように影響を受けるのは，メーカーに納品する部品を製造する自動車部品製造業や，原材料を供給する鉄鋼業界である。同じことは，電機製品，電子部品材料，金属部品業界についても言える。これらの業界に対して原材料や部品を販売する商社・卸売業も影響を受けることになる。この状況がいつまで続くか，見通せないところがあるが，十分なリスク管理が求められる。

これまで，こうしたメーカー等と取引のある得意先（債務者）であれば，取引先が優良企業であるため，たとえば売掛債権や在庫を担保とすることにより，相応の債権保全を図ることができた。しかし，新型コロナの影響により，売掛債権等の担保目的の価値が損なわれる可能性があるので留意が必要である。

旅客運送，ホテル等の観光関連業界も厳しい。もともと，これらの業界に属する企業と取引をする際は，債権保全策の選択肢が狭く，難しいところであるが，8割減などの極端に大きな売上減となれば，もはやクレジットカード会社に対する売掛債権の担保提供を受けるにしても，実効性に疑義が生じるだろう。難しいリスク管理が求められる。

休業要請の対象となる飲食業や，インバウンド需要を当て込んでいた店舗等の小売業も厳しい状況にある。事業会社として，取引継続等の支援をするにしても，そもそも臨時休業や客足の激減により取引に対する需要が消

えてしまっている。事業会社としてできることには限界があり，官民あげての資金繰り支援等が奏功することに期待せざるをえない。

㊁　自社は大丈夫か

　ここまで，自社は健全である前提で債権者としての取組みを検討してきたが，得意先や仕入先等が窮境に陥る可能性があれば，自社にもその可能性があるということだ。財政状態や収支状況に，現時点で問題がないとしても，今後，得意先から売掛金等の回収が進捗せず，あるいは仕入先等からの納品等が適時に行われない，ということが続くと，この先どうなるかわからない。新型コロナの感染蔓延が早期に収束すればよいが，そうならない可能性もある。手元資金を潤沢にし，前述した各種の資金繰り支援策等の情報に十分アンテナを立てて，自社の生き残りも図らなければならない。全方位的な経営の覚悟が求められる。

Ⅳ　債権回収が必要な場面と留意点

1　債権回収が必要な場合

(1)　信用不安時の対応策

　新型コロナ不況で窮境にある会社については，前述Ⅲ3のとおり，基本的には，事業継続を支援することで，中長期的な債権回収可能性を高めることが合理的な選択肢である。しかし，最初に述べたように，新型コロナ関連の倒産が現に生じている。新型コロナ問題以前から本業での利益が十分ではなかった企業などでは，新型コロナがいわば引き金となって，信用不安に陥り，あるいは倒産してしまうかもしれない。これからも，信用不安に陥り，再建の見込みが乏しい債務者が現れるだろう。

　そういった場合には，債権者としても，債権回収に向けた取組みを進めざるをえない。

　通常であれば，得意先の信用不安情報が入ってきたら，債権者としては次のような債権保全策を講じる。ただし，新型コロナによる信用不安特有の留意点がいくつかあるように思われるため，注意が必要である。

㋐　新規取引の縮小・停止

　これ以上の与信リスクを発生させないために，担保等で保全されていない債権額を減少させる。毎月の取引量を制限したり，新規取引を中止するなどの方策である。

㋑　取引条件の変更

　与信の範囲は，取引量と取引条件（支払サイト）で決まるから，取引サイトを短縮する，前金取引とするなどの方策が有効である。

㋒　担保の取得

　取引継続と引換えに担保を取得することが考えられる。新型コロナは「災害」と扱うべきであるが，地震や風水害等の自然災害と異なり，債務者の有する物理的な設備や在庫等には何ら損壊等をもたらさない。これら，物理的な担保目的物を確保することができれば，相応の債権保全・回収策となろう。

　ただし，前述Ⅲ3(2)㋒のように，売掛債権を目的物とする債権譲渡担保や，在庫品を目的物とする集合物譲渡担保については，担保価値に留意する必要がある。売掛債権の第三債務者の業況も新型コロナによって悪影響を受けているかもしれない。その場合，担保目的である売掛債権の実質価値は下がってしまっている。また，在庫品を担保にとることができても，外出制限等による消費冷え込みの状況下においては，担保目的物の換価に支障が出ることも考えられる。新型コロナの影響を多面的に見定める必要があろう。

㊁　相殺の活用

　相殺は，簡易な債権回収法であるため，可能であれば，商流を工夫することにより，自社が売掛債権を有するだけでなく，たとえば

買掛債務を負担するなどの状況を作り出すことが考えられる。これにより，買掛債務の範囲内で，売掛債権を優先的に回収することができる。もっとも，新型コロナの影響のもとでは，商流変更等を講じる時間的な余裕がないかもしれない。

(2) 非常時の債権回収策

上記の債権保全策を講じた後も債務者の資金繰り状況等が悪化し，早晩，倒産する見込みとなった，あるいは実際に操業停止等により倒産してしまった場合には，債権回収にとりかかる必要がある。

一般的な債権回収手段として，次のようなものが考えられる。

(ア) 期限の利益を喪失させる

まずは，債務者の期限の利益を喪失させて，自社の債権すべてについて，弁済期を到来させる必要がある。債務者が期限の利益を有したままであれば，弁済を求めることも，担保権実行も，相殺もできないからである。取引基本契約に定められた期限の利益喪失条項を用いて債務者の期限の利益を喪失させるところがスタート地点である。

(イ) 契約解除

債務者との間の売買契約等の個別契約で，自社の納品等の債務が未履行のものについて，これ以上の焦げつき債権の発生を防ぐために，契約を解除する必要がある。

(ウ) 担保権の実行

所有権留保，譲渡担保等の担保権を取得していた場合は，ためらわずに実行する。特に債権譲渡担保や，集合物譲渡担保，所有権留保について，債務者が担保目的物を処分することもあるので，迅速な対応が必要である。また，法定担保権（動産売買先取特権や商事留置権）が成立する場合にも，同じくためらわずに実行する。

債務者が，破産，民事再生，会社更生といった法的整理手続を採用した場合は，できることが限られてくる（本旨弁済や担保設定を受けても否認権を行使される可能性があるし，相殺が禁止されることもある）。そのなかでも，担保権の実行など，可能な方策を試みるべきだろう。また，取引信用保険を付保している場合は活用することが考えられる。

2　新型コロナと債権回収の留意点

上記1においては，債権保全・回収が必要な場合の「一般論」を述べた。しかし，新型コロナの影響下での債権回収には，通常の場合と異なる留意点がある。

(1) 機動的な債権回収の障害

ある程度，予測できたことであるが，緊急事態宣言の発令により，全国の裁判所において，令和2年4月に指定されていた民事訴訟事件・人事訴訟事件の期日がすべて取り消された。5月以降への期日の延期が前提となっているが，延期期日の調整が行われた訴訟もあれば，期日を「追って指定する」のままとしている訴訟もある。

これらは，訴訟事件についての扱いであり，債権の仮差押えや差押えなどの急を要する事情がある事案，倒産事件については，別途の取扱いがなされることになっている。そうはいっても，影響が全くないとは言えないだろう。

それのみならず，債権回収活動はどうしても，自社の事業所や法律事務所，債務者の事業所等へのリアルな訪問を伴う。可及的にビデオ会議等の方策をとるにしても，たとえば，動産売買先取特権の物上代位権に基づく債権差押えの申立てや，譲渡担保権の実行をしようとするときは，契約書その他の資料の原本が必要になり，これの受渡しを法律事務所等で行わざるをえない。裁判所への申立書の提出等も必要になる。集合物譲渡担保の実

行や所有権留保に基づく目的物の引揚げも，債務者の工場・倉庫等の現場への臨場が避けられない。これらはもちろん，「不要不急」ではないシチュエーションであり，外出がどうしても必要になる。

しかし，感染症の蔓延は，これら機動的な債権回収の障害となる。特に新型コロナの場合，無症状の感染者と接触した者が感染するリスクがあることが明らかとなっている。自社の役職員に体調の変化等が見られなくても，実は感染しているかもしれない。債務者側の役職員についても同様である。法律事務所の弁護士や事務職員が感染しているかもしれない。

このようなとき，企業（債権者）として，債権回収の業務に携わる法務部員やリスクマネジメント部員を債権回収業務に当たらせてよいのだろうか。

ここで，考慮すべきシチュエーションは，①債権回収業務に従事した債権者側の職員が，当該業務を遂行するためのいずれかの過程で感染した場合（債務者側の職員やその他の者が感染していたために，債権者側の職員が感染した場合を含む），②債権者側の職員が感染していたために，債務者側の職員や，その他の者（弁護士や裁判所関係者など）が感染した場合である。

まず，①について検討する。ここでは，債権者である企業と，その従業員との労働契約関係上の問題が生じる。一般論として，労働契約上，労働者は使用者に対して，労務を提供する義務を負い，また，使用者は，労働者に対して労務の提供を求めることができる（これが労働契約における「債務の本旨」になる）。もっとも，使用者は労働者に対し，安全配慮義務を負っているため，労働者が安心して，安全に労務提供できる環境を整える必要がある。そのような環境が整っているのであれば，使用者は労働者に労務提供を命令で

き，かつ，労働者は労務提供を拒むことができない。しかし，新型コロナのような感染症が蔓延しており，債権回収業務に従事して労務提供を行ううえで感染リスクが伴う場合は，使用者は，感染リスクを排除・低減できるような安全配慮義務を尽くさなければならない。それが尽くされていない場合，業務上の指示・命令を出すことが難しいだろうし，結果として，労働者が感染した場合，安全配慮義務違反に問われるリスクは残るだろう。

では，債権回収業務に従事してもらうために，感染リスクの排除・低減は可能だろうか？ 通勤や債権回収現場への途上のリスク低減（時差出勤や，人混みを避ける，公共交通機関の手摺りや座席を触った後は顔や目を触らない，建物に入る際の手指消毒，手洗いなどの指示徹底）は可能なように思われる（ただし，人混みを避ける等の対応が必要なために，緊急を要する場合の即時性等が，ある程度犠牲になるのはやむをえないだろう）。また，法律事務所や裁判所でも，感染症対策（消毒液の備置やマスク着用）がされているので，法律事務所での打合せ等の際のリスク低減も図ることができるだろう。しかし，債務者側の事業所や工場で集合物動産譲渡担保の実行等に従事させる際のリスク低減策が難しい。債務者側が感染リスクを下げるための対策をとっているとは限らない。そうすると，そういった事業所には，新型コロナ等の感染症の原因となるウイルスなどが存在していることを前提とした行動をとらざるをえず，債務者側役職員と2メートル以上離れる，在庫品等に触れた後は消毒や手洗いを徹底する等の指示を行う必要があるだろう。このような感染を防ぐための指示や対策が徹底されていれば，企業として安全配慮義務を尽くしていたこととなり，万が一，従業員が債権回収業務の過程で新型コロナに罹患しても，企業としての責任が問われる可能性を低くすることができる。

このことは，債務者側の職員が感染していたため，結果として，債権者側の職員が感染した場合でも同じである。

ついで，②の場合，つまり，債権者の役職員等が感染していたために，債務者側の役職員その他の関係者が感染した場合はどうだろうか。

この場合も，結局のところ，債権者側で感染しない・感染させないための対策をとっていたかどうかに尽きると思われる。理論的には，債権者側の役職員の不法行為および債権者の使用者責任に基づく損害賠償義務等が想定できる。しかし，感染を防止できるとされている2メートル以上の距離の保持やマスクの着用，咳エチケットの励行，消毒液，手洗いの徹底を行ったうえでの債権回収活動であれば，感染させないための注意義務を尽くしていたと言えるだろう。

ただし，いずれにせよ，本筋である機動的な債権回収という観点では，多少なりとも支障が生じることは間違いない。

(2) 債権保全・回収のノウハウ承継の問題

もう1つの留意点，懸念点としては，前述したように，近年の倒産件数の減少により，機動的な債権保全・回収のノウハウが法務部員，審査部員等に承継されているかどうか，という問題がある。しかも，新型コロナによる業容悪化は，急激かつ広範囲に生じるものであって，じっくりとした債権保全・回収のための準備期間をとることができない。

さらに言えば，緊急事態宣言によって，多くの従業員がテレワークをしている。法律事務所の弁護士もしかりだ。

このような態勢下で，いざというときの機動的で的確な債権回収が可能であろうか。新型コロナは，債権保全・回収の実務に，新たな課題を突き付けたように思われる。

Ⅴ おわりに〜「After コロナ」と与信管理

以上，新型コロナと与信管理，債権保全・回収について検討してきた。これまでにないタイプの新しい危機に対応するという事柄の性質上，議論が練られておらず，乱暴であったり，検討が不十分な点もあると思う。しかし，与信管理，債権保全・回収は，目の前の状況を踏まえて，走りながら，考えていくものだ。筆者も，新型コロナのような感染症が蔓延する社会における与信管理，債権保全・回収の実務がどうあるべきか，さらに検討を重ねていきたい。

最後に，この新型コロナの感染拡大が幸いにして終息していった後のことを少し展望したい。

新型コロナは，我々の社会経済のあり方に極めて大きいインパクトを与え，また，与え続けている。仮に，その蔓延が一段落したとしても，この社会経済にもたらされた変化が「なかったこと」になりはしないだろう。知ってしまった以上は引き返せない。ブラック・スワンは確かにいる。新型コロナの蔓延が世界中の経済を凍りつかせた。21世紀になっても，今なお，感染症は極めて重大なリスクだった。この後も人がいる限り，感染症のリスクは残り続けるだろう。つまり，突然の景気後退は今後も起こりうる。

新型コロナがもたらした社会経済のさまざまな変化を踏まえ，与信管理，債権保全・回収を実効的に行うために，現状の問題点を改めて認識し，新たなリスクに備えるべきであろう。暗黙知であったノウハウを形式知化して誰もが使えるように承継すること，感染症の特性を理解したうえでの実務の工夫をたゆまず行うなど，やるべきことはいくらでもある。企業の，現場の知恵が試される。

第8章

在宅勤務，休業補償，人員削減
雇用への影響を踏まえた労務対応

森・濱田松本法律事務所
弁護士 安倍嘉一

　新型コロナウイルスの感染拡大防止の観点から，政府や地方公共団体が外出の自粛や休業を要請する事態となり，企業にとって在宅勤務（テレワーク）や休業への対応が急務となっている。さらに，自粛や休業に伴う業績悪化により，人員削減を余儀なくされる企業も出始めている。本章では，以上のような，新型コロナウイルスの感染拡大防止に伴い発生している，雇用に関する論点について概説する。

I 在宅勤務（テレワーク）

1 概　要

　今般の新型コロナウイルス流行に伴う外出自粛により，多くの企業が従業員の事業場への出社を停止し，自宅等での勤務を行う，いわゆる在宅勤務（テレワーク）を実施している。在宅勤務については，通勤時間が不要となり，生産性の向上が見込めるメリットがある一方で，各従業員を間近で管理することが難しいといった問題もある。厚生労働省は，平成30年2月22日付で「情報通信技術を利用した事業場外勤務の適切な導入及び実施のためのガイドライン」（以下「テレワークガイドライン」という）を発表し，在宅勤務の手法について紹介している。

2 導入上の検討事項

(1) 就業規則変更の要否

　現行法の労働基準法等においては，労働者が業務に従事するのは，自宅とは異なる「事業場」であって，事業場とは異なる自宅にて勤務を行うことは，皆無とは言えないまでもイレギュラーな対応と考えられている。そのため，在宅勤務を恒常的かつ全社的に実施す

るのであれば，これに関する規定を設けるのが本来であれば望ましい。

　しかし，今回のように突発的な事情により在宅勤務が必要となった場合，就業規則の改定までは手が回らないことも多いと思われる。この点，企業においては，広い人事権の裁量が認められ，包括的な配転条項が規定されているのが通常である。また，一般的に業務命令として自宅待機を命じることも可能であることも考えあわせれば，就業規則を改定しなくても，業務命令として在宅勤務を命じることは可能と考える。

(2) 費用の負担

　在宅勤務を行わせる場合，業務のために使用するパソコンや通信機器等を，誰が負担するかという問題が生じる。在宅であれば，多くの労働者は自宅に個人所有のパソコンやスマートフォンを有しており，これを使用することができれば使用者としては便宜であるが，本来こうした業務に使用する備品等は使用者の負担にて準備するのが原則である。そのため，労働基準法89条5号は，就業規則の必要的記載事項として，「労働者に食費，作業用品その他の負担をさせる定めをする場合においては，これに関する事項」と規定して

いる。そのため，在宅勤務において，労働者が個人で所有しているパソコンやスマートフォンを使用者の業務に使用し，その費用を労働者に負担させる場合には，就業規則に規定する必要がある。

これに対し，就業規則の変更を行わないで対応するのであれば，使用者が業務にかかる費用について負担をする必要がある。もっとも，労働者のパソコンやスマートフォン，通信費については，労働者が個人的な目的のために使用することもあるであろうから，その購入費用や通信費用の全額を負担する必要はないと思われる。この場合，具体的に何％が業務で何％が個人という区分けも難しいであろうから，おおよその割合での負担をルール化しておくことが望ましい。

3　時間管理

(1)　在宅勤務における時間管理

労働時間を管理するのは使用者たる企業の責任において行うべきとされており（厚生労働省「労働時間の適正な把握のために使用者が講ずべき措置に関するガイドライン」（平成29年1月20日）），このことは，労働者の勤務場所が自宅であっても変わらない。もっとも，在宅勤務の場合には，管理者が直接業務実態を見ているわけではないうえ，自宅にいれば家事や育児等，業務以外の時間も生じる。そのため，在宅勤務においては，どのようにして労働時間を管理するのかがクリアすべき課題の1つとなる。

上記ガイドラインによれば，労働時間の管理については，原則として①使用者自身の現認か，②タイムカード，ICカード，パソコンの使用時間の記録等の客観的な記録に基づいて行うべきとされている。在宅勤務の場合には①は取りえないため，②を検討することになる。最近では，社内と同様の勤怠システムに社外からアクセスして打刻を行うことが

できるようになっているため，こうしたシステムを利用することが考えられる。そのほかにも，パソコンの使用時間の記録を提出させたり，なかには，パソコンのカメラを用いて労働者がパソコンで作業している時間を記録し，その時間をもって労働時間としているケースもあるようである（こうした在宅勤務の勤務状況の録画は，労働者のプライバシーにもかかわるため，実施の前に労働者本人の同意を得ることが望ましい）。しかし，上記のとおり，在宅の場合には，業務のみを行っているわけにはいかないこともあり，社内と同様の出勤時刻と退勤時刻のみを打刻させるのでは，正確な労働時間を把握できたとは言えない。また，パソコンの使用時間についても，労働者が私的に使用している時間も含まれることになるし（私的な労働時間をすべて除いて算出するというのは，労力から言って現実的ではないだろう），個人のパソコンを使用させる場合には，記録を提出すること自体に労働者が抵抗を感じることも考えられる。

そこで，もう1つの手法として，③自己申告により労働時間の管理を行うことが考えられる。もっとも，上記ガイドラインによれば，自己申告の場合には，実態調査により実際の労働時間との乖離を確認する必要があるところ，在宅勤務でどこまで厳密に労働時間を調査できるのかは疑問もあり，仮に労働者が実際より多めに労働時間を申告したとしても，申告が虚偽であることを裏づけることは容易ではないと思われる。

そのため，在宅勤務においては，事業場における勤務と異なり，労働者の労働時間を正確に把握することは困難と言わざるをえない。したがって，こうした手法で労働時間を管理するのであれば，労働者を信頼し，ある程度多めに労働時間が申告されることも織り込んだうえで時間管理をせざるをえないと思われる。なお，テレワークガイドラインにお

いては，在宅勤務における労働時間の制度としてフレックスタイム制にも言及しているが，フレックスタイム制は始業および終業の時刻を労働者の裁量判断に委ねるにすぎず，労働時間の管理が必要な点については通常の労働時間制度と変わりがないため，上記の問題は同様に残ることとなる。

(2)　事業場外みなし労働時間制

事業場外みなし労働時間制は，労働者が事業場外で業務に従事した場合で労働時間を算定しがたい場合に，所定労働時間働いたものとみなす制度である（労働基準法38条の2）。前記(1)のように，在宅勤務での労働時間の正確な算定が困難である場合に，この制度を適用することができれば，実際の労働時間数にかかわらず，所定労働時間働いたものとみなすことができる。

この制度が適用されるためには「労働時間を算定しがたい」ことが要件となるところ，テレワークガイドラインによれば，①情報通信機器が，使用者の指示により常時通信可能な状態におくこととされていないこと，②随時使用者の具体的な指示に基づいて業務を行っていないこと，の2つの要件を満たす場合には，在宅勤務にも事業場外みなし労働時間制が適用される。

(ア)　情報通信機器が，使用者の指示により常時通信可能な状態におくこととされていないこと

これは，パソコンやスマートフォンを通じて，使用者の指示に即座に対応する義務がない状態であること，さらに言えば，使用者が，労働者に対して随時具体的な指示をすることが可能でかつ使用者からの具体的な指示に備えて待機しつつ実作業を行っている状態や手待ち状態で待機している状態にはないことを指している。したがって，パソコンやスマートフォンを保持し，上司と連絡が取り合

える状態であったとしても，これらの機器から離れたり通信を切断したりすることが認められている状態や，指示に対してただちに応じなければならない義務までは課されていないことが明らかである場合には，即応する義務がないと判断することができる。

(イ)　随時使用者の具体的な指示に基づいて業務を行っていないこと

この場合の「具体的な指示」には，当該業務の目的，目標，期限等の基本的事項を指示することや，これら基本的事項について所要の変更の指示をすることは含まれない。使用者が逐一進捗状況を確認したり，内容をチェックしたりする場合には，具体的な指示に基づいた業務と判断されると思われる。

(3)　裁量労働制

さらには，労働基準法上，特定の職種に対して適用される専門業務型裁量労働制（労働基準法38条の3）や，事業の運営に関する事項についての企画，立案，調査および分析の業務に対して適用される企画業務型裁量労働制（同法38条の4）が適用される場合には，常に労使協定で定めた労働時間働いたものとみなされるため，労働時間の管理をせずに在宅勤務することが可能となる。ただし，上記のとおり，裁量労働制が適用される対象職種や業務内容は限定的であり，また導入するための手続も簡単ではないため，今回の新型コロナウイルスの対応のためにこうした裁量労働制を導入できるかどうかについては，慎重な検討が必要と思われる。

(4)　長時間労働の抑制

仮に労働時間が管理されている場合であっても，労働者が上司と離れた場所で勤務することになり，目が行き届かなくなる結果，従前よりも労働時間が減る従業員が出る可能性がある一方で，歯止めをかける人がいないた

め，かえって長時間労働を招くおそれがある
ことも指摘されている。この点を踏まえ，テ
レワークガイドラインでは，時間外・休日・
深夜の上司からのメール送付の禁止や，シス
テムへのアクセス制限，さらには，そもそも
時間外・休日・深夜労働を禁止するなどし
て，長時間労働を抑制するよう求めている。

4　健康管理

　在宅勤務であっても，使用者は労働者に対
して安全配慮義務（労働契約法5条）を負う。
したがって，事業場において実施するのと同
様，健康診断やストレスチェックを通じて，
労働者の健康管理に努めることとなる。

　特に，職場に行かず，在宅で勤務するよう
になる場合，限られた環境で閉塞感が募り，
精神的なストレスが溜まることは想像にかた
くない。一般に，職場におけるストレスへの
ケアとしては，①労働者自身によるセルフケ
ア，②上司によるラインのケア，③産業医な
ど，事業場内の産業保健スタッフによるケア，④事業場外資源によるケアが言われるが
（厚生労働省「職場における心の健康づくり」），
在宅勤務においては，①の労働者自身による
ケアが特に重要となる。また，上司も，定期
的に電話やテレビ会議などで面談を行う等し
て，部下の様子を確認することが望ましい。

5　情報管理

　在宅勤務では，事業場以外の自宅で業務に
従事する以上，企業の情報を社外に持ち出し
て使用せざるをえない。在宅勤務であって
も，労働者が雇用契約に付随した秘密保持義
務を負っていることについては変わりない
が，事業場の外という，より管理のしにくい
場所で企業の秘密情報を利用することになる
ため，こうした情報の取扱いについては，
ルールを定めておくことが望ましい。

　すべてクラウド上のサーバーでデータの処
理等ができる場合には，情報の個人のパソコ
ンでの保存等を禁止することで対応できるか
もしれないが，在宅勤務で個人のパソコンを
使用せざるをえず，またデータ処理のために
は個人パソコンへのデータ保存もやむをえな
い場合もあると思われる。そのため，実際の
ルールについては個々の状況に合わせて策定
する必要がある。

　また，少なくとも在宅勤務する労働者から
は，在宅勤務期間中の秘密保持，使用者の事
前許可のないデータコピーの禁止，在宅勤務
終了後の企業情報の個人パソコンからの削除
等に関して，改めて誓約書を取得するなどし
て，情報管理に対する意識の醸成を図ること
が望ましい。

Ⅱ　休業，賃金カット

1　増える休業や賃金カットの流れ

　新型コロナウイルスの感染拡大の影響によ
り，業績が大幅に落ち込んだり，仕事が激減
する企業も増えている。政府は，感染者数が
急増したのを受け，令和2年3月，新型イン
フルエンザ等対策特別措置法（特措法）を改
正し新型コロナウイルスについて同法の適用
を認め，令和2年4月7日には，緊急事態宣
言を発令し，対象となった都府県では，一定
の業種に対する休業も要請された。さらに，
同月16日には，対象地域が全国に拡大してい
る。上記の緊急事態宣言は，本書執筆時点に
おいては，同年5月6日までとされている
が，感染が引き続き拡大しているため，その
動向には引き続き注目する必要がある。

　この結果，企業の中には，営業を継続する
ことができず，労働者を休業させるケース
や，営業は続けるものの賃金カットを行う
ケースが増えている。

【図表】 緊急事態宣言の対象となった東京都が令和2年4月10日に休止を要請した施設[1]

施設の種類	要請内容	内　訳
遊興施設等	施設の使用停止および催物の開催の停止要請（＝休業要請）	キャバレー，ナイトクラブ，ダンスホール，バー，個室付浴場業に係る公衆浴場，ヌードスタジオ，のぞき劇場，ストリップ劇場，個室ビデオ店，ネットカフェ，漫画喫茶，カラオケボックス，射的場，勝馬投票券発売所，場外車券売場，ライブハウス等
大学，学習塾等		大学，専修学校，各種学校などの教育施設，自動車教習所，学習塾等 ※床面積の合計が1,000㎡を超えるものに限る。
運動，遊戯施設		体育館，水泳場，ボーリング場，スポーツクラブなどの運動施設，またはマージャン店，パチンコ屋，ゲームセンターなどの遊技場等
劇場等		劇場，観覧場，映画館または演芸場
集会・展示施設		集会場，公会堂，展示場
		博物館，美術館または図書館，ホテルまたは旅館（集会の用に供する部分に限る）※床面積の合計が1,000㎡を超えるものに限る。
商業施設		生活必需物資の小売関係等以外の店舗，生活必需サービス以外のサービス業を営む店舗 ※床面積の合計が1,000㎡を超えるものに限る。

2　休業時の補償

(1)　民法の危険負担と労働基準法の休業手当

　労働者が休業するということは，法律上は，労働契約における労働者の債務である労務提供義務が履行されないということである。この場合に反対債務である企業の給与支払義務をどのように処理するかについては，まず，民法上危険負担の法理がある。ここでは，債権者（使用者）の責めに帰すべき事由によって債務を履行することができなくなったときは，債権者（使用者）は反対給付（給与）の履行を拒むことができないとされている（民法536条2項）。すなわち，企業側の責めに帰すべき事由によって休業，つまり労務の提供ができなくなった場合には，労働者は給与の支給を受けることができる。この場合の「責めに帰すべき事由」とは，「故意・過失または信義則上これと同視すべき事由」と

解されている。したがって，使用者は無関係な外部の事情が原因になっており，防止することができないと考えられる場合には，責めに帰すべき事由には該当しない。

　これに対し，労働基準法26条は，同じく使用者の責めに帰すべき事由による休業の場合において，使用者は休業期間中労働者に対し，平均賃金の6割以上の手当（休業手当）を支払わなければならないと規定している。ここでも民法と同様「責めに帰すべき事由」が要件とされているが，労働基準法26条は，休業時における労働者の生活を保障する目的で設けられた規定であるため，「使用者の責めに帰すべき事由」とは，上記の民法上の「責めに帰すべき事由」よりも広い概念とされ，使用者に平均賃金の6割程度の保障をさせたほうがよいと考えられる場合について認められる[2,3]。その結果，天災等の「不可抗

1　東京都の場合，これらに限らず，施設等に対する協力要請や休業要請を行っている。
2　菅野和夫『労働法［第12版］』457頁。
3　認められた事例として，機械の検査，原料の不足，流通機構の不円滑による資材入手困難，監督官庁の勧告による操業停止，親会社の経営難のための資金・資材の獲得困難など（昭23.6.11基収1998号）。

力」の場合を除いて，使用者には休業手当の支給が義務づけられていると解されている。

今回の新型コロナウイルスを原因として使用者が労働者を休業させる場合，新型コロナウイルスの流行は使用者によるものではなく，回避できない場合には，民法上は「責めに帰すべき事由」に該当しないと判断される可能性が高いのに対し，労働基準法26条における「責めに帰すべき事由」に該当し，60％の休業手当を支給する必要があるのではないかが問題となる[4]。

(2) 新型コロナウイルスに感染した者に対する休業手当の支給の是非

新型コロナウイルスに感染してしまった労働者については，本人の病状の観点からも，感染拡大防止という観点からも，使用者として就業を禁止することになると思われる[5]。この場合，当該就業制限は，労働者が罹患した新型コロナウイルスに起因するものであり，そもそも使用者側の事情によるものではないため，労働基準法26条の規定を前提としても，休業手当の補償は不要である。

(3) 感染が疑われる状態での休業指示と「使用者の責めに帰すべき事由」

労働者に発熱やかぜ症状がみられる場合であっても，ただちに新型コロナウイルスに罹患しているとは限らない。この点，厚生労働省は，以下に該当する場合には，保健所などに設置される「新型コロナウイルスに関する帰国者・接触者相談センター」に問い合わせるよう要請している。

・かぜの症状や37.5度以上の発熱が４日以上続く場合（解熱剤を飲み続けなければならないときを含む）

・強いだるさ（倦怠感）や息苦しさ（呼吸困難）がある場合

問い合わせの結果，新型コロナウイルスへの感染が疑われる場合には，休業を命じたとしても，前記(2)と同様，労働者の病気によるものとして，休業手当を支払う必要はないと思われる。これに対し，問い合わせの結果，就業可能と判断されたにもかかわらず，リスク回避の観点から使用者が休業を命じた場合には，使用者の自主的判断によるものとして，休業手当を支給する必要がある。

(4) 育児のために休業する場合の休業手当

新型コロナウイルス感染拡大を防止するために，令和２年２月末に学校の休校要請が出され，実際に多くの学校や保育園等が休校・休園の措置を取っている。この流れは緊急事態宣言が発出された現在も変わっていない。

その結果，未就学児や小学生の子どもを抱える労働者は，子どもの世話をするために欠勤せざるをえない状況に追い込まれている。しかし，この状況は，使用者が休業を命じているわけではないため，休業手当は生じないと考えられる。もっとも，政府は，こうした子どもの世話を保護者として行うことが必要となった労働者に対し，有給（賃金全額支給）の休暇（労働基準法上の年次有給休暇を除く）を取得させた事業主に対する助成金制度を創設している。

(5) 政府・行政機関による自粛要請や緊急事態宣言と休業手当

前記のとおり，令和２年４月７日に政府は７都府県を対象とする緊急事態宣言を発令し，同月16日にはその対象地域を全国に拡大した。これを踏まえて，各都道府県におい

4　以下については，厚生労働省「新型コロナウイルスに関するQ&A（企業の方向け）」参照。
5　事業者は，伝染性の疾病その他の疾病で，厚生労働省令で定めるものにかかった労働者については，厚生労働省令で定めるところにより，その就業を禁止しなければならない（労働安全衛生法68条）。

て，業種ごとの休業要請を発表している。

　この点，休業要請に基づいて企業が行う休業指示については，これまでの厚生労働省の判断としては，企業の自主的な判断によるものであり，休業手当の支給が必要との立場であった。今回の緊急事態宣言や休業要請に対しても，あくまで「要請」であり，休業を「指示」しているわけではないため，休業要請に応じて使用者が事業を休業し，その結果労働者を休業させる場合にも，休業手当を支給すべきとする判断もありうるところである。

　しかし，一般的な自粛要請にとどまらず，緊急事態宣言を受けた自粛要請となると，「要請」とはいえ，かなり強制力は強まっていると考えられ（休業要請が出された業種はなおさらである），この要請を受けた休業が労働基準法26条における「不可抗力」（前記2(1)参照）と判断され，休業手当の支給が免除される可能性は高まると言える。

　この点，厚生労働省は，不可抗力と判断されるためには，

① その原因が事業の外部より発生した事故であること
② 事業主が通常の経営者としての最大の注意を尽くしてもなお避けることができない事故であること

の要件を満たす必要があるとしている。このうち①については，たとえば，今回の緊急事態宣言や休業要請などのように，事業の外部において発生した，事業運営を困難にする要因が該当するとしている。②については，使用者として休業を回避するための具体的努力を最大限尽くしていると言える必要があるとしており，具体的には，在宅勤務の可能性の検討や，他に就かせることができる業務の有

無の検討などが挙げられており，緊急事態宣言やそれに基づく休業要請等によっても一律に不可抗力が認められるものではないとしているため，注意が必要である。

(6) 労働者派遣と休業手当

　休業や事業縮小によって，企業が受け入れていた派遣労働者についても，派遣契約の打切りや一時停止による休業が増えてきている。この点，派遣労働者と雇用契約を締結しているのは派遣元事業主（派遣会社）であり，休業させた場合に休業手当を支払うのも派遣元事業主である。また，派遣元事業主は，多くの派遣先事業主を顧客としているため，1つの派遣先事業主との派遣契約が解消されても，当該派遣労働者を他の派遣先事業主に派遣することも可能なはずであり，派遣先事業主が派遣契約を一時的にでも解消することと，派遣労働者を休業させることは，直結するものではないというのが原則である。

　しかし実際には，当該派遣先事業主に派遣するために当該派遣労働者を雇用したなど，実質的に当該派遣先事業主との派遣契約が終了すれば，当該派遣労働者を解雇するか休業させるしかないケースも多い。そのため，労働者派遣契約においては，派遣労働者の新たな就業の機会の確保，派遣労働者に対する休業手当等の支払に要する費用を確保するための当該費用の負担に関する措置を規定することが義務づけられており（労働者派遣法26条8号），派遣先の責めに帰すべき事由により労働者派遣契約が解約され，その結果派遣労働者が休業を余儀なくされた場合には，派遣先事業主が派遣元事業主の損害を賠償することが求められている[6]。このことからすれば，派遣先事業主の判断で派遣契約を解約あるいは一時停止した結果，当該派遣労働者が休業

6　「派遣先が講ずべき措置に関する指針」（最終改正平成28年厚生労働省告示379号）第2．6(4)参照。

を余儀なくされれば，その休業手当分を派遣先事業主が負担しなければならなくなる可能性があると思われる。実際には負担割合については派遣元事業主と協議することになるだろうが，派遣契約を終了させて終わりとはならない可能性があることに留意されたい。

(7) 労働者確保の必要性

ここまで，休業手当の支払の是非について議論してきた。使用者の立場からすれば，売上が上がらず業績が悪化し続ける中において，たとえ平均賃金の60%であっても休業手当を支払わなければならないことが相当の負担であることは明らかであり，できるだけ休業手当を支給しないで済むようにしたいところであると思われる。

ただ，ここで考えなければならないのは，事業を継続するつもりならば，労働者は残さなければならないということである。仮に休業手当を支払わないことが法的には問題なかったとしても，その結果労働者が生活できないということになれば，結局労働者は去っていくことになるだろう。そのような状態で，事業を継続していくことができるだろうか。特に今回の新型コロナウイルスの問題は，先行きは不透明であるが，全体の流れからすれば一過性のものと言え，収束すれば一気にこれまでの日常が戻ってくることが想定される。現時点で企業としての存続が危ぶまれてしまい収束するまで待てないというのであればともかく，事業再開を目指すのであれば，労働者をあまりに過酷な状況に置くことは，使用者にとっても得策ではないと考える。

この点において，活用が考えられるのが，雇用調整助成金である。雇用調整助成金は，景気の変動，産業構造の変化その他の経済上の理由により，事業活動の縮小を余儀なくされた事業主が，一時的な雇用調整（休業，教育訓練または出向）を実施することによって，

労働者の雇用を維持した場合に支払われる助成金であり，まさに今回のような事態が対象となる。これまでは，提出する資料が膨大かつ煩雑であったり，申請してから支給されるまで数カ月かかりとても待っていられないといった批判があったが，令和2年4月10日に，厚生労働省が申請書類の削減や，支給までの期間の短縮をすると述べている。今後申請が激増すると予想される中，厚生労働省がどこまで対応できるかについては疑問がないわけではないが，上記のとおり，事業継続を考えるのであれば，できる限り休業手当で対応することが望ましいと思われる。

3 賃金カット

(1) 賃金カットの合意の取得

仕事がないわけではないため，休業させるわけにはいかないものの，業績が厳しいと考えられる場合には，労働者に対して一時的な賃金カットをお願いすることもある。通常，使用者が労働者に対して賃金を減額することができるのは，賃金制度上，評価が低い場合の降格や降級が定められ，こうした評価制度に基づいて給与が下げられる場合であるが，今回のように，突発的かつ臨時的に賃金を下げたい場合にはどのようにすればよいだろうか。

この点，労働契約法8条は，「労働者及び使用者は，その合意により，労働契約の内容である労働条件を変更することができる」と規定しており，労働条件（賃金）を下げる場合には，合意が必要であると規定している。就業規則の変更は，合意を得ずに行うことも法律上可能であるが（同法9条，10条），今回のような就業規則の変更を伴わない変更の場合には，合意を得るほかない。さらに，今回の賃金カットのような労働者にとって不利益な内容の合意を得るためには，「賃金や退職金に関する労働条件の変更に対する労働者の

同意の有無については，当該変更を受け入れる旨の労働者の行為の有無だけでなく，当該変更により労働者にもたらされる不利益の内容及び程度，労働者により当該行為がされるに至った経緯及びその態様，当該行為に先立つ労働者への情報提供又は説明の内容等に照らして，当該行為が労働者の自由な意思に基づいてされたものと認めるに足りる合理的な理由が客観的に存在するか否かという観点からも，判断されるべき」であるとされており（最判平28.2.19民集70巻2号123頁），不利益な内容の説明等を十分に行う必要がある。

(2) 合意取得の手法

それでは，どのようにしたらこうした合意を得ることができるだろうか。昨今の社会情勢を踏まえれば，企業の売上が減少しており人件費をそのまま維持できないという理由については，労働者の納得を得られることが多いと思われるものの，賃金のカットとなると生活に対する影響が大きいため，合意に対しては抵抗も予想される。この点，合意を得やすくするための方策として，以下のようなポイントが考えられる。

(ア) カットする金額

どの程度の割合を賃金カットするのか，という点である。今回のケースでは，休業手当でも平均賃金の6割支払えばよいとされているため，同程度の減額は認められる可能性はあるものの，仕事をしながら賃金のみカットするという前提であるため，同程度であればもう少し厳しいかもしれない。また，一度に全額を減額するのではなく，一定割合を少しずつ（たとえば，1カ月目は10%，2カ月目は20%）減額することも考えられる。

(イ) カットする期間

たとえば，賃金カットを行うとしても，今回の新型コロナウイルスの影響が続く期間に限定し，不利益の程度を限定的とすることが

考えられる。さらに，期間終了後，賞与等において減額した金額を回復させることも約束できれば，支払われる時期が遅くなるだけで実質的な不利益はかなり小さくなると言え，合意を得られる見込みは高まると思われる。

Ⅲ 人員削減

1 新型コロナウイルスの影響による経営状況の悪化

企業の売上が激減し，一時的な休業でも対応することが困難になると，事業の縮小を余儀なくされたり，場合によっては企業としての存続すら危なくなってくる。この場合，企業としては，雇用している労働者についても，削減を図っていく必要が生じる。

2 人員削減の留意点

(1) 整理解雇の4つの要素

使用者が労働者を削減する，つまり解雇するためには，客観的に合理的な理由と社会通念上の相当性が必要となる（労働契約法16条）。なかでも，今回のように，企業の業績悪化により人を退職させる場合，解雇の有効性は，いわゆる整理解雇の4つの要素をもとに判断されることが裁判例の蓄積によって確立している。解雇が有効とされるためには，これらの4つの事項について，すべて充足していなければならないわけではなく，充足の程度を総合考慮して判断すべきである。

① 人員削減の必要性
② 解雇回避措置の相当性
③ 人選の合理性
④ 手続の相当性

(2) 退職勧奨と整理解雇の4つの要素

なお，ただちに解雇まで考えているわけではなく，できるだけ話し合いにより円満な退

職を促したいと考えている企業も多いと思われ，その場合に，整理「解雇」の検討は不要と思われるかもしれない。しかし，筆者の経験からすると，こうした整理解雇の4つの要素を充足していれば，結果として人員削減の対象となっている労働者の理解を得られやすく，解雇まで至らずに円満に退職してもらえることも多い。そのため，希望退職等による円満退職を目標とする場合であっても，整理解雇の4つの要素を満たしているのかを検討することは，有益と考えている。

(3) 有用な人材の残留

人員削減を行うとしても，事業自体は存続させる場合には，一定の人材（特に優秀な人材）には残ってもらう必要がある。この点，使用者としては，人員削減を行う際には，自身の経営状況が悪いことを強調しがちであるが，企業として経営が厳しいということになれば，優秀な人材ほど，企業に見切りをつけ，退職してしまうことも考えられる。使用者としては，人件費削減のためには一定数の労働者の削減をしなければならない一方で，優秀な人材には残ってもらいたいというある意味矛盾した要請に対応しなければならない。以下で各要素を検討する際にも，この視点に留意する必要がある。

3　各要素の検討

(1) 人員削減の必要性

整理解雇の有効性判断の第一要素は人員削減の必要性があることである。この必要性については，当該企業が倒産をはじめとする経営の危機を回避するためのもの（危機回避型）だけでなく，経営の見直しにより事業内容が変更され余剰人員が生じた場合（戦略的合理化型）などがありうるが，今回の新型コロナウイルスによる売上減少による経営状況の悪化は誰の目にも明らかであるため，今回

人員削減をするにあたって，削減する必要性が否定されたり，労働者の納得を得られないといった事態は生じにくいと思われる。もっとも，この点も，前記のような優秀な人材を確保するという観点からは，「現在」の経営状況が厳しいという点だけでなく，今回の人員削減を行うことによって「将来」どのように改善されるのか，あるいはどの程度企業を存続させることが可能なのか，という点まで検討しておくことが望ましい。

(2) 解雇回避措置の相当性

これまでの日本の雇用慣行では，労働者の雇用に手をつけ，さらに使用者が一方的に労働者を解雇することは，いわば「最後の手段」と考えられているため，その前にどのような対応策をとって解雇をしなくても済むよう努力してきたのかは，重要な要素となる。

具体的には以下のものが挙げられる。

①　広告費・交通費・交際費等の経費削減
②　役員報酬の削減
③　残業規制
④　新規採用の停止・縮小
⑤　中途採用・再雇用の停止
⑥　労働者の昇給停止や賞与の減額・不支給，賃金減額
⑦　配転・出向・転籍の実施
⑧　ワークシェアリングによる労働時間の短縮や一時帰休
⑨　非正規労働者との間の労働契約の解消
⑩　希望退職者の募集

もっとも，今回のような新型コロナウイルスの問題は，短期間での急激な売上の減少によるもので，予想できたものでもないし，経済的な苦境は明らかであるから，できることとしても限度があると思われる。

こうした手法の中で，現実的にとりうる手段として考えられるのは，やはり希望退職の募集であろう。希望退職の募集とは，ある程度の退職金の上乗せをして，合意による退職

を促す手法である。また，再就職支援会社の
サービスをつけたり，未消化の有給休暇相当
分を買い上げるといったオプションをつける
ことも考えられる。

　希望退職を募集する場合，最もよく質問さ
れるのが，相場としてどの程度の金額を支払
えばよいのか，という点であるが，最終的に
は，経営状況がどの程度深刻なのかとの兼ね
合いであり，一律な基準があるわけではな
い。使用者の立場としては，今回の新型コロ
ナウイルスの売上減少があまりに急激であ
り，資金の余裕がなければあまり多くの上乗
せはできないと思われる。その一方，労働者
の立場からは，経済界全体が苦境にあり容易
に再就職先が見つからない可能性もあるた
め，再就職先が見つかるまでの生活資金の補
填の意味合いを有する退職金の上乗せが少な
いと，生活に不安を覚えわずかな上乗せでは
納得しないことも考えられ，上乗せ金額の設
定はかなり悩ましい。

(3)　人選の合理性

　経営上の必要性に基づく解雇は，基本的に
人件費の削減が主たる目的となる。そのた
め，解雇する場合には，人件費削減のために
どの程度の人数を削減する必要があるのかが
問題であり，特定の労働者を解雇しなければ
ならないわけではない。したがって，人員削
減を目的とした解雇では，労働者個々の事情
に応じた解雇（指名解雇）ではなく，客観的
かつ合理的な基準を設定し，その基準に合致
した労働者を公平に取り扱って解雇する必要
がある。具体的な基準例として，(i)勤務態度
の優劣（欠勤日数，遅刻回数，規律違反歴等），
(ii)労務の量的貢献度の多寡（勤続年数，休職
日数等），(iii)労務の質的貢献度の多寡（過去の
実績，業務に有益な資格の有無等），(iv)企業と

の間の密着度の高低（正規労働者・非正規労
働者等の別等），(v)労働者側の事情（年齢，家
族構成，共稼ぎか否か等）などが考えられる。

　なお，人員削減を実施する場合，事業自体
は存続するため，キーパーソンとなる労働者
には残ってもらう必要があるが，客観的な基
準に該当してしまえば，退職されてしまうリ
スクがある。こうした労働者の退職を避ける
ためには，希望退職の対象について「余人を
もって代えがたい」労働者については適用を
認めないという手法をとることもあるが，あ
まり多くの労働者の適用を否定すると，結果
として，使用者が恣意的に対象者を選択して
いると判断される可能性があるため，その適
用は慎重に検討する必要がある。

(4)　手続の相当性

　整理解雇の有効性判断の最後の要素は手続
の相当性であり，労働組合や労働者との間で
協議・説明を誠実に行うことである。これ
は，労働協約において組合との協議または同
意を義務づける規定がある場合に，これに反
して行った解雇が無効となることはもちろ
ん，そうした規定がない場合であっても，使
用者は労働組合または労働者に対して整理解
雇の必要性とその時期・規模・方法につき納
得を得るために説明を行い，さらにそれらの
者と誠意をもって協議すべき信義則上の義務
があるとされる[7]。紛争を回避するために
も，かかる誠実な説明は重要であり，実務上
も重視されている。

　手続としては，まず説明会を開催して希望
退職を募集するということが考えられる。こ
の際，まずは前記(1)の必要性に関し，企業の
経営状況を説明する。このとき，具体的な数
字などを提示したほうが説得的である。次
に，前記(2)に関連して，こうした人員削減を

7　菅野・前掲注2・795頁。

する前に，他に実施した経費削減策の内容や，それでも経営状況の改善には至っていないことを説明する。そのうえで，前記(3)に関連して，対象となる労働者の基準を説明する。

また，特に今回のように退職に対する抵抗が強いことが予想される場合には，説明会の実施のみでは希望退職に応募する労働者が少なくなってしまう可能性があるため，説明会を実施したうえで個別にも面談し，希望退職に応募するよう説得する作業が必要になると考えられる。他方で，ここでも，キーパーソンに残ってもらいたい場合には，むしろ退職しない方向での説得が必要になる。もっとも，あまりあからさまに「退職しないでくれ」という話をすると，他の労働者に不公平感を生む可能性があるため，その話の仕方には限度があると考えたほうがよい。

4 会社解散による解雇

人員削減は，使用者が雇用する労働者の一部を削減するものであり，使用者自身は存続しているが，さらに状況が悪化した場合，使用者が自らを解散する場合がある。この場合には，雇用されているすべての労働者が，使用者の事情により雇用契約を解かれるという点において，人員削減の場合と類似するが，他方で，会社解散の場合は，清算手続の結了によって使用者が消滅する結果，労働契約関係が消滅するという点において[8]，いわゆる整理解雇とは異なる側面を有しており，訴訟実務上も若干異なる検討が必要となる。すなわち，憲法22条1項は，職業選択の自由の一環として企業廃止の自由を保障していると解され，企業の存続を強制することはできず，労働者の団結権を保障する憲法28条も企業廃

止の自由を制約するものではないと解される。また，株主総会の決議の内容自体に法令または定款違反の瑕疵がなく，単に決議をする動機，目的が不当であるにとどまる場合には，当該決議が無効となるものではない[9]。したがって，原則として企業はその経営判断によって自由に会社解散を行うことができ，また解散の結果，使用者が消滅する以上，「人員削減の必要性」については当然に認められると解されるし，労働者全員との雇用関係が終了することになるから，「人選の合理性」についても検討する必要がない[10]。また，解散決議が有効と判断される以上は，「解雇回避の努力」も，それをしなければならない理由は原則として必要とされないと考えられる[11]。

その一方で，会社解散による解雇も解雇権濫用法理の適用は受けるから，解雇条件の内容の公正さまたは適用の平等性，解雇手続の適正さ，より具体的には，労働組合または労働者の納得を得るための説明等を行う努力，労働者に再就職等の準備を行うだけの時間的余裕の付与，予想される労働者の収入減に対する配慮，再就職支援措置の有無等については検討する必要があり，不十分な場合には解雇が無効と判断される可能性もある。また，解散決議が行われていても，真実の解散ではなく，実質的に別法人等で事業を承継しているような場合には，いわば「偽装解散」として，解雇権の濫用となりうる[12]。

5 内定の取消し

(1) 新型コロナウイルスを原因とする内定取消し

新型コロナウイルスを原因とする外出自粛

---

8 菅野・前掲注2・761頁。
9 大森陸運ほか2社事件・大阪高判平15.11.13労判886号75頁。
10 三陸ハーネス事件・仙台地決平17.12.15労判915号152頁。
11 グリン製菓事件・大阪地決平10.7.7労判747号50頁。
12 ジップベイツ事件・名古屋高判平16.10.28労判886号38頁。

が始まり，企業の業績に影響を与えるようになったのが令和2年2月から3月にかけてであったため，4月に新卒の入社を控えていた企業は，内定者の入社を延期したり，内定を取り消したりすることも少なくなかった。

(2)　内定の法的性質

内定の法的性質については，内定通知をもって，始期付解約権留保付の労働契約が成立したものと解されている。すなわち，労働者が募集に応募することが労働契約の申込みであり，採用内定通知によって，使用者がこれを承諾したものとして，就労の始期を入社時とする労働契約が成立したものと考えられている[13]。

(3)　採用内定の取消し

上記のとおり，使用者が労働者に採用内定を通知した場合，基本的に労働者は当該使用者に入社することを想定し，他の企業に対して行っていた就職活動を中止し，また，複数の企業の採用内定を受けていた場合には，最終的には1つに絞り，他の企業については内定を辞退することになる。今回のような，入社直前の時期であればなおさら，多くの学生は就職活動を終了し，4月から社会人として働く先を1つに絞っていると思われる。

このような内定を出した後に，企業が採用内定を取り消す場合，前掲注13・大日本印刷事件は，内定通知を受けた労働者が，通常は卒業後の就労を期して，他企業への就職の機会と可能性を放棄するのが通例であるから，試用期間中の地位と基本的に異ならず，「採用内定の取消事由は，採用内定当時知ることができず，また知ることが期待できないような事実であつて，これを理由として採用内定

を取消すことが解約権留保の趣旨，目的に照らして客観的に合理的と認められ社会通念上相当として是認することができるもの」でなければならないと判示した。もっとも，採用内定を通知した後の労働者は，他企業への就労の機会を放棄しており当該使用者に就労する期待が相当程度高まっている。他方でまだ使用者のもとで就労を開始していない以上，試用期間のように労働者の適格性の欠如を理由に内定取消しを行うこともできない。そこで，内定取消しの有効性を主張するのであれば，こうした期待を失わせざるを得ないだけの必要性や，期待していた賃金を得ることができず，再度就職活動を開始しなければならない労働者の不利益に対しても配慮したうえで行ったものである必要があると考えられる。特に採用内定取消しが入社の直前になればなるほど，採用内定取消しをする必要性，緊急性が高いことを主張立証する必要があるというべきである[14]。

今回の新型コロナウイルスによる内定取消しの場合，内定時には予想できない事象であり，また緊急性も高いと考えられるものの，入社直前での取消しによる労働者の不利益も相当大きいものと考えられ，経営状況の悪化だけを理由に内定取消しを行った場合には，その効力が否定される可能性もあると思われる。また，複数の内定者に対して一斉に取消しを行うのであれば，前記2で述べた整理解雇のルールに則った対応をすることが必要になると考えられる。以上を踏まえれば，一定の金銭的な配慮等を行ったうえで，合意に基づく内定の解消に努めることが望ましい。

13　大日本印刷事件・最判昭54．7．20民集33巻5号582頁。なお，電電公社近畿電通局事件・最判昭55．5．30民集34巻3号464頁は，労働契約の効力発生時期を入社時とする労働契約であると判示する。
14　インフォミックス（採用内定取消し）事件・東京地決平9．10．31労判726号37頁では，入社2週間前の採用内定取消しを無効と判断した。

第9章

当事者・代理人弁護士のための
民事訴訟対応上の留意点

島田法律事務所
弁護士 圓道至剛

> 新型コロナウイルス問題の影響は，民事訴訟にも及んでいる。民事訴訟は，事件の規模によっては，裁判官と代理人弁護士のほかに，相当程度多数の当事者や傍聴人も関与することになるので，新型コロナウイルスの感染拡大を防ぐためには適切な対応が必要となる。以下では，現時点（令和2年4月20日時点）における裁判所の対応状況等を踏まえた，当事者・訴訟代理人弁護士による民事訴訟対応上の留意点について解説する。

I 新型コロナウイルス問題のもとでの民事訴訟の現状

1 緊急事態宣言までの裁判所の対応状況

令和2年3月以降，新型コロナウイルス問題の影響が各所に及んでいるが，民事訴訟についても例外ではない。たとえば，東京地方裁判所は，同月6日，新型コロナウイルス感染症拡大防止の観点からのお知らせとして，体調不良等のある者に対しては，無理をせずに事前に電話で裁判所に連絡をするよう求めており，また，同月11日からは，各法廷の傍聴席について，その一部の席に使用を禁止する旨の貼り紙を貼付する方法により，傍聴希望者に対して間隔を空けて座るよう求める扱いを採っている。

そして，同月半ば頃からは，個々の裁判体の判断次第ではあるが，多くの訴訟において，期日の取消しや変更，また，弁論準備手続期日については感染拡大防止を目的として通常よりも広い部屋（ラウンドテーブル法廷など）を用いての期日実施や電話会議システムの利用，書面による準備手続の活用などの対応が採られている。

加えて，裁判官によっては，自らもマスクを着用して期日に臨むほか，マスクを着用していない当事者・代理人弁護士に対してマスクの着用を強く求めるケースも見られたところである。

これらの裁判所の対応は，いずれも，令和2年3月9日の政府の新型コロナウイルス感染症対策専門家会議によって，集団感染を防止するために，換気の悪い密閉空間を避け，多数が集まる密集場所を避け，間近で会話や発声をする密接場面を避けるようにとの見解（いわゆる「3密」を避けるように，との見解）が示されていることに呼応したものであると考えられる。

2 裁判所の業務継続計画

最高裁判所は，平成28年6月1日付けで「新型インフルエンザ等対応業務継続計画」（以下「裁判所業務継続計画」という）を策定しているところ，この裁判所業務継続計画は新型コロナウイルス問題にも基本的に妥当する。

裁判所業務継続計画においては，裁判所は，新型インフルエンザ等発生時において，利用者や職員の生命・健康を保護しつつ，最低限の機能を維持するため，新型インフルエンザ等発生時にも継続が必要な業務を絞り込み，人的資源を集中させるとともに，感染拡

【図表】 発生時継続業務とそれ以外の業務の意義等および民事における具体例

		意義等	民事における具体例	
発生時継続業務	強化・拡充業務	新型インフルエンザ等の対策に関する業務であり，新型インフルエンザ等の発生により新たに業務が発生し，または業務量が増大するもの。	（該当なし）	
	一般継続業務	最低限の国民生活の維持等に必要な業務であって，一定期間，縮小・中断することにより，国民生活，経済活動や国家の基本的機能に重大な影響を与えることから，国内感染期であっても業務量を大幅に縮小することが困難なもの。裁判所においては，最低限の機能を維持するため，緊急性が特に高い業務を一般継続業務とする。	・文書の受付に関する事務 ・保全に関する事務（特に緊急性の高いもの） ・DV事件に関する事務 ・人身保護に関する事務	
発生時継続業務以外の業務（縮小又は中断業務）		一定期間，大幅な縮小または中断が可能な業務であり，業務の実施が遅れることにより国民生活や経済活動に一定の影響はあるが，業務資源の配分の優先の観点から一定期間の縮小または中断がやむを得ないもの。裁判所においては，発生時継続業務以外の業務についても，緊急性や国民の権利利益に与える影響の大きさに応じて，優先順位を第1順位から第3順位まで付け，優先順位の低いものから縮小または中断する。	第1順位	・保全に関する事務（上記以外のもの） ・執行に関する事務（特に緊急性の高いもの） ・倒産に関する事務（特に緊急性の高いもの）
			第2順位	・民事訴訟に関する事務 ・督促手続に関する事務 ・民事調停に関する事務 ・執行に関する事務（上記以外のもの） ・倒産に関する事務（上記以外のもの） ・その他の民事事件に関する事務
			第3順位	（該当なし）

（出典） 裁判所業務継続計画の本文および別紙2を踏まえて筆者作成。

大につながるおそれのある業務は極力中断するとの基本的方針が示されている。

具体的には，裁判所の業務を「発生時継続業務」と「発生時継続業務以外の業務（縮小又は中断業務）」に大別し，また「発生時継続業務」を「強化・拡充業務」と「一般継続業務」に区別して，新型インフルエンザ等の発生状況に応じた運用を行うものとされている（各々の業務の意義等および民事における具体例は，【図表】のとおりである。刑事における

具体例などは，裁判所業務継続計画の別紙2を参照されたい）。

もっとも，裁判所業務継続計画では，その運用について，各裁判所の実情等を踏まえて柔軟に行うことが必要であるとされており，必ずしも各裁判所において一律の対応がなされることが想定されているものではないという点に注意する必要がある（それゆえに，当事者・代理人弁護士としては，個々の裁判所の対応を確認する必要があることになる）。

3 緊急事態宣言の影響

裁判所業務継続計画においては，新型インフルエンザ等対策特別措置法32条1項に基づいて緊急事態宣言が出された場合には，各裁判所の実情等に応じて，発生時継続業務以外の業務を大幅に縮小または中断するとされている。

そして，令和2年4月7日に緊急事態宣言[1]が出されたことを踏まえて，最高裁判所は，同日，各下級裁判所に対して，「新型コロナウイルス感染症への対応について（事務連絡）」を発して，対象地域に所在する裁判所においては，裁判所として必要な機能を維持できる範囲に継続業務を縮小するよう求めた。

これを受けて，緊急事態宣言の対象地域に所在する裁判所は，同月8日から同年5月6日までの間に実施される予定であった期日について，裁判所業務継続計画にいう「一般継続業務」および「発生時継続業務以外の業務（縮小又は中断業務）」のうち第1順位のものを除いては，期日指定を順次取り消した。民事訴訟に関する事項は，「発生時継続業務以外の業務（縮小又は中断業務）」のうち第2順位に位置づけられていることから，裁判所は，民事訴訟の期日についても，順次取消しをすることとなった（なお，裁判所は，次回期日を「追って指定する」として，当該時点では指定済みの期日を取り消すのみで，変更後の期日を指定しない扱いが大半のようである）[2]。

また，同年4月16日に緊急事態宣言の対象地域が全都道府県の区域に拡大されたことを受けて，全国の裁判所において，民事訴訟の期日につき，概ね上記と同様の扱いがなされた。

4 当事者・代理人弁護士における対応検討の必要性

当事者・代理人弁護士としては，上記のように期日が取り消された民事訴訟については，裁判所が後日新たな期日を指定する際に担当部から期日調整の連絡があるので，これに対応すべきことになる。

また，当事者・代理人弁護士としては，緊急事態宣言の対象期間の終期（令和2年5月6日）より後に期日が指定された事件（緊急事態宣言などを端緒としていったんは期日取消しとなり，当該終期より後に新たに期日指定された事件を含む）については，民事訴訟の手続を進めるか，それとも（その時々の状況を踏まえて）期日を取消し・変更とするか，また，手続を進めるとして具体的にどのような方法を採るかにつき，裁判所と協議をすることになる。

もっとも，新型コロナウイルス感染症（COVID-19）については，季節性インフルエンザの場合と比較して，流行が長期化する可能性が高いとの予測もあることからして，裁判所業務継続計画で想定されている流行期間や職員の欠勤率の想定（これは政府のガイドラインにおける想定と同様とされている）を上回る形で流行期間が長期化し，また，職員の欠勤率が高い割合に上る可能性も考慮する必要があるように思われる[3]。

1　「新型コロナウイルス感染症緊急事態宣言に関する公示」（令和2年4月7日付け）によると，緊急事態措置を実施すべき期間（以下「対象期間」という）については「令和2年4月7日から5月6日までとする。ただし，緊急事態措置を実施する必要がなくなったと認められるときは（中略）速やかに緊急事態を解除することとする。」とされ，また緊急事態措置を実施すべき区域（以下「対象地域」という）については「埼玉県，千葉県，東京都，神奈川県，大阪府，兵庫県及び福岡県の区域とする。」とされている。なお，同月16日に対象地域が拡大されたことは本文記載のとおりであり，今後も対象期間の延長や対象地域の変更の可能性がある。
2　なお，対象地域に所在しない裁判所も，緊急事態宣言が出されたことを踏まえて，①一方または双方の当事者・代理人弁護士が対象地域に所在する場合や，②（証拠調べ期日が予定されている場合において）取調べ予定の当事者・証人が対象地域に居住しているような場合には，対象地域に所在する代理人弁護士や対象地域に居住する証人等が裁判所に出頭することのないように，期日取消し等の対応を行ったケースがある。

また，緊急事態宣言について，今後，対象期間の延長がなされる可能性もある[4]。

　当事者・代理人弁護士にとっては，新型コロナウイルス感染拡大防止ももちろん重要ではあるが，個々の事件に関して民事訴訟の手続を進めることもまた重要である。殊に，新型コロナウイルス問題が上記のとおり長期化する可能性があるという状況のもとでは，当事者・代理人弁護士としては，個々の事件に関するさまざまな事情から裁判所に対して積極的に必要な対応（期日を開くことを含むがこれに限られない）を求めるべき場合が生じることも考えられる。そのため，裁判所が採りうる選択肢とそれらのメリット・デメリットを踏まえて，その時々の状況に応じて裁判所に対してどのような対応を求めるべきかについて，あらかじめ検討を行っておく必要がある。

Ⅱ 新型コロナウイルス問題のもとでの訴訟対応（係属中の訴訟）

1　総　論

　係属中の訴訟について，裁判所が採りうる対応の主な選択肢としては，①期日の取消し・変更を行い，新型コロナウイルス問題が沈静化するまでは期日を実施しないこと，②新型コロナウイルスの感染拡大防止のための必要な措置を講じた上で口頭弁論期日や弁論準備手続期日を実施すること，③当事者・代理人弁護士が裁判所に出頭する必要のない方

法として，書面による準備手続を活用すること（これと同時に民事裁判手続のIT化としてすでに特定庁での運用が開始されているMicrosoft Teams（以下「チームズ」という）を利用したウェブ会議を実施することを含む），などが考えられる[5]。

　また，裁判所としては，係属中の訴訟につき，どのように和解を成立させるか，また，判決言渡し期日を実施するか否かなどについても，検討・対応を求められることになる。

　これに対して，当事者・代理人弁護士は，新型コロナウイルスの感染拡大防止の必要性と，個々の事件に関して民事訴訟の手続を進めることの必要性を比較衡量して，裁判所に対して必要な対応を求めるべきことになる。

2　期日の取消し・変更

(1)　裁判所の対応

　裁判所としては，自らの判断によりまたは当事者からの上申などを踏まえて，すでに指定した期日を取り消したり，変更して新たな期日を指定したりすること（「追って指定する」とすることを含む）により，期日を延期して，新型コロナウイルス問題が沈静化するまでは期日を実施しないという対応をすることが考えられる。

　裁判所は，緊急事態宣言が出されるまでは，概ね，当事者からの上申などを踏まえて（あるいは裁判所において当事者の意見を聴取するなどしたうえで）民事訴訟の期日の取消し・変更を決めていたと思われるが，緊急事

3　ここでは裁判所業務継続計画の記載に合わせて「欠勤率」と記載したが，実際には，裁判所の職員には在宅勤務が求められているようである。

4　一部の地域に限って緊急事態宣言の対象期間が延長される可能性もあるため，以下では，対象地域が一部の地域に限られるケースも想定した記載をすることとする。なお，筆者の私見では，新型コロナウイルス問題は相当程度（年単位で）長期化すると思われ，また今後も同様の災厄はありうると考えて対処すべきであるため，これを機に，民事裁判手続のIT化を（フェーズ1のみならずフェーズ3までの展開を含めて）可能な限り迅速に進めることにより，できるだけ当事者・代理人弁護士の移動なくして，また物理的な書面の授受等なくして，訴訟手続を実施できるようにする必要があると考えている。令和2年4月19日の報道によれば，政府は民事裁判手続のIT化を段階的に進めて，2025年度（令和7年度）から同手続を全面的にオンライン化する方針とのことであるが，一層の前倒しが期待されるところである。

5　以上のほかに，進行協議期日を実施することも考えられるが，（電話会議システムを利用することを想定しても）少なくとも一方の当事者・代理人弁護士の出頭が必要となるという点については弁論準備手続期日と同様であり，また，準備書面等の陳述や書証の取調べをすることができないという点については書面による準備手続と同様であるため，本稿では言及を省略する。

態宣言が出された際には，対象地域の裁判所は，既述のとおり，裁判所の判断で順次期日を取り消した。

　裁判所としても，緊急事態宣言の対象期間は別として，それ以外の時期については，当事者の裁判を受ける権利などに配慮して，可能な限り当事者・代理人弁護士の意向も踏まえて，期日を予定どおり実施するか延期するかの判断を行っていたものと推察される。

⑵　メリットとデメリット
㈠　メリット
　新型コロナウイルスの感染拡大防止の観点からは，そもそも「期日」という人が集まる機会それ自体を設けないことにより「3密」を避けることにつながる，期日の取消し・変更は，直接的であり有効な手段である。
㈡　デメリット
　もっとも，この場合，一定期間，期日を実施しない以上は当然ではあるが，個々の事件に関して民事訴訟の手続が遅延するというデメリットがある。

　新型コロナウイルス問題が短期的な問題にとどまるのであればともかく，長期化した場合には，問題が沈静化するまでは期日を実施しないとすると，いつまでも民事訴訟の手続が進まないということになりかねない。民事訴訟の手続の大幅な遅延は，当事者の裁判を受ける権利が実質的に保障されていないという評価もなされうる。また，当事者の権利実現が遅延するという直接的な問題のみならず，付随して，当該遅延期間の間も（金銭請求の場合には）遅延損害金が発生し続けるという問題や，当該遅延により適切な証拠を用いることができなくなる可能性があるという問題（たとえば，重要な証人予定者の死去）など，さまざまな問題が生じることになる。

⑶　当事者・代理人弁護士の訴訟対応上の留意点
㈠　期日指定の申立て
　当事者・代理人弁護士としては，新型コロナウイルスの感染拡大防止の必要性を勘案してもなお看過しえない損害が民事訴訟の手続の遅延によって生じるような場合には，裁判所に対して，期日指定の申立てをするなどして，（新型コロナウイルスの感染拡大防止のための必要な措置を講じたうえで）口頭弁論期日や弁論準備手続期日を実施すること，または，書面による準備手続を実施することを求めることが考えられる。

　もっとも，緊急事態宣言の対象地域に所在する裁判所について，緊急事態宣言の対象期間に関していえば，少なくとも現状では，裁判所業務継続計画に基づいて，「一般継続業務」および「発生時継続業務以外の業務（縮小又は中断業務）」のうち第1順位の業務の処理に必要な限度で登庁するほかは，裁判所（裁判官）も在宅勤務（いわゆる「宅調」）を強く求められており，およそ民事訴訟の処理のために裁判官が登庁することは想定されていないようである。それゆえに，当該期間内に期日指定の申立てをしても，裁判所が期日指定を行う可能性はほとんどないと思われる。

　また，上記以外の場合（緊急事態宣言の対象期間の終期より後の場合）であっても，裁判所業務継続計画によると，前記のとおり民事訴訟は「発生時継続業務以外の業務（縮小又は中断業務）」の第2順位に位置づけられていることからして，裁判所がなかなか期日指定を行わないといった事態も考えられる。
㈡　保全申立て
　当事者・代理人弁護士としては，上記のとおりに期日指定の申立てをしても，裁判所が新型コロナウイルスの感染拡大防止の必要性を重視してなかなか期日指定を行おうとしない場合には，個々の事件の実情を踏まえた緊

急性によっては，当該民事訴訟における請求内容を対象とする保全事件を新たに申し立てることも検討する必要がある。

　たとえば，賃貸借契約終了に基づく建物明渡請求訴訟が訴訟係属中の場合において，後継賃借人の入居日がすでに決まっているために明渡しが遅延すると多額の違約金などの損害が生じるようなケースでは，同事件原告側としては，すでに民事訴訟を提起済みであるとしても，さらに建物明渡し断行の仮処分を申し立てることも検討すべきことになる。

　これは，保全事件が（緊急性に応じて）「発生時継続業務」のうちの「一般継続業務」または「発生時継続業務以外の業務（縮小又は中断業務）」の第1順位に位置づけられていることから，裁判所が通常の民事訴訟よりは優先して手続を進めることとする可能性があることによる対応である。

（ウ）　証拠保全申立て

　また，当事者・代理人弁護士としては，民事訴訟の手続の遅延により適切な証拠を用いることができなくなる可能性がある場合には，証拠保全の手続（民事訴訟法234条）により，あらかじめ証拠調べを実施するよう，裁判所に申立てを行うことも検討する必要がある。

　たとえば，重要な証人予定者が高齢で健康を害しているような場合には，証拠保全手続により証人尋問を先行して実施するよう，裁判所に求めることを検討すべきことになる。

　なお，証人尋問実施時の留意点については，後述する（**3**(3)**カ**)。

3　口頭弁論期日や弁論準備手続期日の実施

(1)　裁判所の対応

　裁判所としては，民事訴訟の手続を進めることの必要性を重視して，新型コロナウイルスの感染拡大防止のための必要な措置を講じたうえで，口頭弁論期日や弁論準備手続期日を実施するという対応をすることも考えられる[6]。

　口頭弁論期日の場合，法廷は通常はある程度の広さはあるものの，密閉空間であるため，一定の換気を心がける必要がある。また，法廷内における裁判官と双方の当事者・代理人弁護士が座る位置にはそれぞれ一定の離隔があることが通常であるため，間近で会話や発声をする密接場面は生じないと思われる。もっとも，傍聴席の利用が制限されていることについては既述のとおりである。

　弁論準備手続期日の場合，通常は裁判官室の近くの小さな部屋で実施されるが，換気の悪い密閉空間を避け，多数が集まる密集場所を避けるために，可能であれば通常よりも広い部屋を用いて着席位置の間隔を広げることや，双方の当事者・代理人弁護士と事前に協議・調整を行って出頭する当事者・代理人弁護士の人数を絞るよう求めること，（双方の当事者・代理人弁護士が出頭を予定していた事件につき）一方の当事者・代理人弁護士には電話会議システムにより期日に参加するよう求めることなども考えられる[7]。

(2)　メリットとデメリット

(ア)　メリット

　裁判所が口頭弁論期日や弁論準備手続期日を実施することとすれば，民事訴訟の手続の

6　既述のとおり，緊急事態宣言の対象地域に所在する裁判所について，対象期間に関していえば，少なくとも現状では，およそ民事訴訟の処理を行う状況ではないようであるので，Ⅱの2から5までの記載は，緊急事態宣言に係る対象期間の後を想定したものであることを付言する。

7　さらに言えば，裁判所に出頭する人数を絞る観点から，一方の当事者・代理人弁護士の全員が裁判所に出頭するのではなく，その一部のみが裁判所に出頭し，残りの当事者・代理人弁護士は電話会議システムにより期日に事実上参加する方法も考えられる。電話会議システムによる「事実上の参加」につき，拙著『企業法務のための民事訴訟の実務解説［第2版］』（第一法規，2019）152頁参照。

遅延が生じないというメリットがある。

（イ）　デメリット

　もっとも，口頭弁論期日の場合には，（第1回口頭弁論期日は一方の当事者・代理人弁護士は欠席することができるとしても）原則として，双方の当事者・代理人弁護士の出頭が必要であり，また，弁論準備手続期日の場合には，（電話会議システムを利用することを想定しても）少なくとも一方の当事者・代理人弁護士の出頭が必要となる（民事訴訟法170条3項）。

　このように，口頭弁論期日や弁論準備手続期日を実施する場合には，双方の当事者・代理人弁護士が裁判所に出頭しないままに手続を進める方法とはならないという問題点があり，一方または双方の当事者・代理人弁護士が裁判所に出頭する以上は，いかに新型コロナウイルスの感染拡大防止のための必要な措置を講じるとしても，なお感染拡大リスクを否定しえないというデメリットがある。

(3)　当事者・代理人弁護士の訴訟対応上の留意点

（ア）　期日実施に応じる場合

　当事者・代理人弁護士としては，裁判所が口頭弁論期日や弁論準備手続期日を実施することとした場合には（特に代理人弁護士の立場では，依頼者である当事者の意向において訴訟手続を急ぎ進めてほしいというスタンスである場合には），期日実施に応じて，通常どおりの期日対応をすることになる。その際，裁判所から，出頭する当事者・代理人弁護士の人数，（弁論準備手続期日につき）電話会議システムによる期日参加の意向の有無等についての事前協議・調整の連絡があった場合には，適宜これに応じることになる。

　なお，裁判所が期日を実施することとした場合に，相手方当事者・代理人弁護士が裁判所に対して期日の取消し・変更を求めて上申書を提出するような事態も考えられる。相手方当事者が訴訟の引き延ばしを図っていると認められるような事情がある場合には，適宜，裁判所に申入れをするなどして，予定どおりに期日を実施するよう求めることも必要となる[8]。

（イ）　期日の取消し・変更等を求める場合

　当事者・代理人弁護士としては，裁判所が期日を実施することとした場合であっても，なお期日の取消し・変更等を求めるべき場合もある。

　たとえば，代理人弁護士としては，当事者である会社が新型コロナウイルス問題の影響で業務を一時的に停止しているような場合において，それゆえに期日に先立つ準備行為を十分に実施できないときは，裁判所に期日の取消し・変更を求めるべきことになる。

　もっとも，当事者は，信義に従い誠実に民事訴訟を追行しなければならないとされているので（民事訴訟法2条），訴訟の引き延ばし目的での期日の取消し・変更の上申などを行うことは許されない。

　また，当事者・代理人弁護士としては，自らが出頭を要する形での期日が指定されている場合には，裁判所が新型コロナウイルスの感染拡大防止のための必要な措置を講じているとしてもなお不安が残るとして，裁判所に対して，出頭を要しない形での訴訟手続の進行（たとえば，電話会議システムにより弁論準備手続期日に参加する方法や，後述する書面による準備手続の活用など）を求めることも考えられる。

　なお，電話会議システムの利用には，民事

8　なお，当事者・代理人弁護士において，裁判所に出頭して期日に参加する予定であったものの，交通の途絶（航空機の欠航など）により裁判所に出頭できないという事態も考えられる。そのような場合には，急ぎ裁判所に連絡して，事情を説明したうえで，電話会議システムにより弁論準備手続期日に参加する方法を求めるか，書面による準備手続を求める，あるいは，期日を延期しつつ事実上の進行協議を電話により実施することを求めるなどの対応が考えられる。

訴訟法170条 3 項において「当事者が遠隔の地に居住しているときその他相当と認めるとき」という要件が設けられており，裁判所によっては当該要件を厳格に解する向きもあるが，少なくとも新型コロナウイルス問題の影響が及んでいるうちは当該要件を柔軟に解釈して運用することが適切と言えよう。

(ウ)　電話会議システムにより弁論準備手続期日に参加する場合

当事者・代理人弁護士としては，電話会議システムにより弁論準備手続期日に参加する場合，どの場所から，どの電話番号を用いて期日に参加するかという点を慎重に検討する必要がある。

すなわち，民事訴訟規則88条 2 項が「裁判所及び当事者双方が音声の送受信により同時に通話をすることができる方法によって弁論準備手続の期日における手続を行うときは，裁判所又は受命裁判官は，通話者及び通話先の場所の確認をしなければならない。」と定めており，また同条 3 項が「前項の手続を行ったときは，その旨及び通話先の電話番号を弁論準備手続の調書に記載しなければならない。この場合においては，通話先の電話番号に加えてその場所を記載することができる。」と定めていることから，裁判所は，通話先の電話番号と（場合によっては）通話先の場所を期日調書に記載することになる。実務では，固定電話の電話番号の場合には（電話番号により通話先の場所が特定されるため）場所の記載は不要とされ，携帯電話の電話番号の場合には場所の記載を要すると扱われている。

平常時であれば，代理人弁護士の事務所から（当該事務所の固定電話の電話番号を用いて）電話会議システムにより弁論準備手続期日に参加することが多いと思われるが，新型コロナウイルス問題のもとでは，在宅勤務をする当事者・代理人弁護士も増えていると思われるところ，たとえば代理人弁護士が自宅から電話会議システムにより弁論準備手続期日に参加した場合には，自宅の固定電話（または携帯電話）の電話番号と，（携帯電話を利用する場合には）自宅の場所も期日調書に記載されることになるので，注意が必要となる（通話先の場所は期日調書に詳細を記載しないように裁判所に求めることも考えられるが[9]，電話番号の記載は必須である。期日調書は，原則として誰でも閲覧できるため（民事訴訟法91条 1 項），自宅の固定電話の電話番号やプライベートの携帯電話の電話番号を第三者に知られたくない場合には，業務用の携帯電話の電話番号などを別途用意して使用する必要がある）。

(エ)　準備書面等を提出する場合

在宅勤務の場合のもう 1 つの問題として，準備書面等を裁判所に提出する際に，代理人弁護士による職印の押印をどのように行うかという問題がある（この問題は，後述する書面による準備手続の場合において準備書面等を提出するときも同様に妥当する）。

すなわち，民事訴訟規則 2 条 1 項が「訴状，準備書面その他の当事者又は代理人が裁判所に提出すべき書面には，次に掲げる事項を記載し，当事者又は代理人が記名押印するものとする。（後略）」と規定していることから，当事者・代理人弁護士が裁判所に準備書面等を提出する際には押印が必要となるところ，在宅勤務の場合であって職印が事務所に保管されているときは，代理人弁護士が自宅で職印を押印することができないというケースが考えられるのである（もちろん，新型コロナウイルス問題の状況下であっても事務所に

9　通話先の場所を調書に記載することの趣旨は，既述の遠隔地要件との関係で，電話会議システムを利用した手続が適正に実施されたかを公証するためのものであるので，たとえば「東京都新宿区内」程度の記載で足り，それより詳細な記載までは不要であると解される。仮に，担当裁判所書記官から調書記載のためであるとして自宅の住所を聞かれた場合には，上記の趣旨を述べて，調書に記載されても差し支えのない範囲で住所を説明することが考えられる。

赴いて職印を押印できるのであればそのようにすることも考えられるが，緊急事態宣言のもとでは事務所への移動を避けるべきという判断も十分にありうるし，事務所の所在する建物が閉鎖される可能性もある。以下では，これらの事情から，事務所での押印が困難な場面を想定する）。

このような場合には，同条項が押印に係る印章を特段限定していないことから，準備書面等には任意の印章により押印をすることで足りると解されるため，代理人弁護士は，通常使用している職印以外の自己の印章を用いて押印すれば足りる[10]。さらに，（可能性は低いかもしれないが）自宅に自己の印章がない場合には，別途裁判所に事情を説明したうえで押印をせずに準備書面等を提出して，時機を見て裁判所に赴いた際に押印をするという方法も今般の状況下では許されるであろう（なお，民事訴訟規則2条1項は，その「するものとする。」という文言から，訓示的な規定であると解されている）。

(オ)　会社担当者が出頭（傍聴）できない場合

新型コロナウイルス問題のもと，代理人弁護士は期日に出頭できるが，当事者である会社の担当者は期日に出頭（傍聴）できないというケースも考えられる。会社を当事者とする民事訴訟のうち重要なものについては，各期日に代理人弁護士のみならず会社担当者も出頭して傍聴するケースがしばしばあると思われるが，会社のルールにより会社担当者に対して在宅勤務指示が出されているために，会社担当者が期日に出頭（傍聴）できない，というような場合である。

このような場合には，代理人弁護士のみが裁判所に出頭して期日対応を行うことにならざるをえないが，特に（法律論を離れた）技術的な事項についての争いを含む訴訟など，会社担当者が期日に出頭（傍聴）していないと期日席上で裁判所からなされた質問に対して適切に回答する前提となる事実確認を直ちには行いえないというケースも考えられる。代理人弁護士としては，そのようなケースでは，裁判所からの質問内容に対して追って回答する旨を述べて，質問を持ち帰り，後日，当事者である会社の担当者に事実確認をすることになるが，期日において裁判所から質問をされることが事前に予想されるような場合であれば，当該期日に先立って裁判所が質問する可能性のある事項を整理した「期日対応メモ」のようなものを代理人弁護士において作成し，当事者である会社に内容確認を求めておくことが望ましい。また，会社担当者が出頭（傍聴）できない期日については，代理人弁護士は，常にも増して，期日後に当事者である会社に対して提出する期日報告書の記載を充実させることが必要となる。

(カ)　証拠調べ期日を実施する場合

当事者・代理人弁護士としては，裁判所が口頭弁論期日において当事者尋問・証人尋問といった証拠調べを実施するとした場合（いわゆる「証拠調べ期日」を実施する場合），その実施の当否や方法について検討する必要がある。

すなわち，証拠調べ期日を実施するためには，原則として当事者・代理人弁護士や証人が裁判所に出頭することが必要であり，尋問の際には長時間の問答が比較的近い距離で続けられることが想定されるため，新型コロナウイルスの感染拡大防止の観点からは問題がないとは言えない。そのため，証拠調べ期日を実施する場合には，裁判所と双方の当事者・代理人弁護士で協議のうえ，少なくと

10　ただし，訴状や答弁書に認められる印影に係る印章（職印）と異なる印章を用いている点につき，裁判所の判断次第ではあるが，同一人が使用する印章であることの説明を求められたり，職印による押印の追完を求められたりする可能性はあると思われる。また，「職印以外の自己の印章」といっても，当然ながら，浸透印（いわゆる「シヤチハタ」）を使用することはできない点に注意する必要がある。

も，①全員がマスクを着用すること，②法廷の換気を徹底すること，③発問者が発問する際には当事者・証人に近づかないこと，④当事者・証人に対する尋問実施中に書証や準備書面等を提示する必要がある場合には，事前に写しを用意して証言台（発言台）に置いておき，必要となったタイミングで当事者・証人において自ら参照するよう求めること（発問する代理人弁護士が応答する当事者・証人に近づいて書面等を示すようなことはしないこと）などをあらかじめ取り決めておく必要があるであろう。

なお，発問する代理人弁護士と応答する当事者・証人がマスクを着用したまま尋問を実施するとなると，裁判所が当事者・証人の回答から適切に心証を形成できるかという点を問題視する向きもあるかもしれないが（裁判所は，当事者・証人の回答の発言内容のみならず，回答する際の当事者・証人の表情なども踏まえて心証を形成することが通常であると思われるところ，当事者・証人がマスクを着用したままで，適切に心証形成できるか，という問題である），新型コロナウイルスの感染拡大防止の観点からはマスクの着用は必須であると考えられるので，致し方ないことと言えよう（この問題を重視するのであれば，後述するテレビ会議システムによる尋問の方法も検討する必要がある）。

加えて，（あらかじめ証人となることの承諾を得ていない）いわゆる「呼出し証人」について言えば，証人とされた者が新型コロナウイルス問題を理由に証拠調べ期日のために裁判所に出頭することを拒否するという可能性も考えられる。証人とされた者は，法的には証人として証言をする義務を負うことになり（民事訴訟法190条参照），正当な理由なく出頭しないと，訴訟費用の負担・過料の制裁（10万円以下）の可能性があり（同法192条1項），また，刑罰（10万円以下の罰金・拘留）（同法

193条）に処せられることがあり，さらに，裁判所は，正当な理由なく出頭しない証人を勾引することもできるとされているが（同法194条1項），実務上は（たとえ平常時において何らの理由なく証人が出頭しない場合でも）勾引等が行われるケースはまれであり，新型コロナウイルス問題を理由とする出頭拒否の場合にはなおさら出頭を強制することは難しいであろう。

以上を踏まえると，当事者尋問・証人尋問の必要性は吟味されるべきであり，必要性ありとして当事者尋問・証人尋問を実施する場合には，既述のとおり新型コロナウイルスの感染拡大防止のための必要な措置を講じたうえで証拠調べ期日を実施することのほか，（同法204条の要件を柔軟に解するなどして）テレビ会議システムによる尋問を行うなど，新型コロナウイルスの感染拡大防止の観点に配慮した方法を採ることも検討すべきである（特に当事者・証人が遠方に居住していて新型コロナウイルス問題のもとでは移動が困難な場合や，当事者・証人が緊急事態宣言の対象地域に居住しているような場合において，その対象期間内に，対象地域に所在しない裁判所において尋問が実施されるようなときは，テレビ会議システムによる尋問の有用性が認められるであろう）。また，裁判所が相当と認める場合において，当事者に異議がないときは，証人の尋問に代えて，いわゆる書面尋問（同法205条）の方法により証拠調べを実施することも検討すべきである。書面尋問の要件，手続や，尋問事項書（質問回答書）の作成方法等については，東京地方裁判所民事部プラクティス委員会第一小委員会「書面尋問の意義とモデル書式について」判例タイムズ1316号5頁を参照されたい。

4 書面による準備手続（ウェブ会議の実施を含む）

(1) 裁判所の対応

裁判所としては，当事者・代理人弁護士が裁判所に出頭する必要のない方法として，書面による準備手続（民事訴訟法175条）を実施することも考えられる。

書面による準備手続とは，当事者の出頭なしに準備書面の提出等により争点および証拠の整理をする手続をいう。

この書面による準備手続は，従前は，利用の実例が乏しく，一部の裁判官が半ば実験的に利用するケースがある程度であったように思われるが[11]，最近では民事裁判手続のIT化としてすでに特定庁での運用が開始されているチームズを利用したウェブ会議を実施する際にも概ねこの手続が使われている（一方当事者・代理人弁護士が裁判所に出頭して，他方当事者・代理人弁護士がウェブ会議により手続に参加する場合には，弁論準備手続期日または進行協議期日によることになる）。

すなわち，書面による準備手続の場合，書面のやりとりを通じて争点および証拠の整理を行うとされているものの，実務上は（従来は）電話会議システムを利用して裁判所と双方の当事者・代理人弁護士が協議を行うことが必須として扱われていた（民事訴訟法176条3項。以下「三者協議」という）。この三者協議の方法として，従前の電話会議システムに代えて，ウェブ会議を実施することにより，争点および証拠の整理に関するより充実した協議が実現されることになると，争点および証拠の整理に資することになる。

なお，このウェブ会議の場合も，（弁論準備手続期日についての傍聴のような法律上の定めはないものの）実務上は相手方当事者・代理人弁護士の了解があれば会社担当者などの傍聴は可能であるとして扱われているので，会社担当者は（代理人弁護士および裁判所を通じて）上記の了解を相手方当事者・代理人弁護士から得た上で，代理人弁護士の事務所においてウェブ会議を傍聴することができる（なお，傍聴希望がある場合には，できるかぎり事前に代理人弁護士から裁判所に対して連絡をしておくことが望ましいとされている）[12]。

(2) メリットとデメリット

(ア) メリット

書面による準備手続の場合，双方の当事者・代理人弁護士が裁判所に出頭しないままに民事訴訟の手続を進めることができるという点において，新型コロナウイルスの感染拡大防止の観点からは大きなメリットがある。

(イ) デメリット

もっとも，書面による準備手続には，準備書面等の陳述や，書証の取調べができないという点で，民事訴訟の手続を進行させる方法として一定の限界がある。

すなわち，書面による準備手続を活用することにより，争点および証拠の整理をある程度進めたとしても，いずれかの段階で，それまでに裁判所に提出された準備書面等の陳述や書証の取調べのために口頭弁論期日または弁論準備手続期日を開くことが必要となるという意味において一定の限界があるのである。

また，この書面による準備手続の方法は，当然ながら裁判所（裁判官）が官署としての裁判所に所在することを前提とした手続である。そのため，既述のとおり緊急事態宣言の対象地域に所在する裁判所についてその対象期間に関してそうであるように，裁判官が官

---

11 安西二郎「遠隔地・小規模の支部における書面による準備手続の運用」判例タイムズ1411号17頁参照。
12 現状のウェブ会議の利用においては，当事者（会社を含む）がその代理人弁護士とは別にウェブ会議に直接的に参加することは想定されていないため，会社担当者は，自社の代理人弁護士がウェブ会議を実施する場に同席する方法を採らざるをえないことになる。

署としての裁判所に民事訴訟の処理のために出勤できないような状況にあれば，手続を実施することはできないという限界もある[13]。

なお，書面による準備手続は，裁判長が行うとされており（ただし，高等裁判所においては，受命裁判官とされた陪席裁判官が行うこともできる。民事訴訟法176条1項），地方裁判所において合議事件とされている事件との関係では一定の利用上の制約がある[14]。

また，三者協議として，ウェブ会議の方法を利用できるのは，現状では，最高裁判所の指定した特定庁に限られていることから[15]，その他の裁判所では従来どおりに電話会議システムを用いた三者協議を行うことにならざるをえない。

加えて，裁判所は，ウェブ会議を，現時点では，原則として双方の当事者に代理人弁護士がついている事件に限って，双方の代理人弁護士の同意を得たうえで実施するものとしているので，本人訴訟の場合やいずれか代理人弁護士がウェブ会議に反対した場合には実施しえないという限界もある。ここで，双方の当事者に代理人弁護士がついていない事件（一方または双方の当事者による本人訴訟の場合）には，当面は原則としてウェブ会議は実施しないとされている理由としては，本人確認の問題，場所の適切さの確認の問題，秘密録音や録画の防止の必要性，弁護士でない第三者の関与を防止することの必要性などが挙げられている。

(3)　当事者・代理人弁護士の訴訟対応上の留意点

(ア)　ウェブ会議の利用に対する同意の判断

代理人弁護士としては，事務所のウェブ会議に対する対応体制や，依頼者である当事者の意向なども踏まえて，裁判所からの意向確認に対して，ウェブ会議の利用に同意するか否かを回答すべきことになる。

なお，裁判所は，一方当事者・代理人弁護士のみがウェブ会議の利用に同意しない場合において，当該当事者・代理人弁護士が自らは裁判所に出頭したいが相手方当事者・代理人弁護士がウェブ会議により参加して手続を行うことでも異存はないという意向であるときは，相手方当事者・代理人弁護士に対して改めて連絡をし，その当事者・代理人弁護士のみがウェブ会議により参加して手続を行うことでも構わないというのであれば，なおウェブ会議を実施することがある。

(イ)　ウェブ会議の場合の準備書面等の提出方法

当事者・代理人弁護士としては，ウェブ会議による場合も，準備書面や証拠等については，従来と同様に，紙としての準備書面や証拠等をファックス等により裁判所に提出し，相手方当事者・代理人弁護士に対してはファックス等により直送することを要するとされていることに注意する必要がある。

すなわち，チームズ上にはファイル共有機能が存在するものの，現時点では，当該機能

13　緊急事態宣言の対象期間が延長されるなどして，しばらくは書面による準備手続も実施することが困難であるという状況に至った場合には，（本来は立法対応が望ましいが）便宜的対応として，書面による準備手続と三者協議に準じて，裁判官が自宅などからウェブ会議などの適宜の方法により当事者・代理人弁護士と連絡をとって争点および証拠の整理について事実上の協議を行うことにより，可能な限り訴訟手続を進めるという方法も，民事訴訟の手続の遅延を避けるという観点からは，検討する必要があるものと思われる。

14　安西・前掲注11・18頁以下では，書面による準備手続の主宰者が裁判長に限定されていることにつき，遠隔地・小規模の支部は一人支部が少なくないこと（そして一人支部長は特例判事補から判事1年目の前半の者（任官10年前後）の者がかなりの割合を占めていること）との関係において，そのような主宰者の限定は実情に沿わないように思われるとの見解が示されている。しかし，ここでいう「裁判長」は単独事件の場合には適宜「裁判官」と読み替えるべきものであって，単独事件であれば（たといわゆる特例判事補であっても）書面による準備手続を主宰することができるので，上記見解には疑問がある。

15　令和2年2月頃に運用開始予定の庁は，知財高裁，東京地裁の一部（合計21カ部），大阪地裁の一部（合計12カ部），名古屋地裁，広島地裁，福岡地裁，仙台地裁，札幌地裁および高松地裁とされている。そして，同年5月頃に運用開始予定の庁は，横浜地裁，さいたま地裁，千葉地裁，京都地裁および神戸地裁とされている。

を利用して，クラウド上に準備書面や証拠等をアップロードしても訴訟法上の効果は認められない点に注意する必要がある。

5　和解成立の方法

　新型コロナウイルス問題の状況下では，当事者・代理人弁護士において民事訴訟を早期に解決しようとする機運が高まるなど，通常にも増して和解が成立する可能性が生じるという事態も想定される。

　通常は，裁判上の和解を成立させるためには，裁判所は，口頭弁論期日または弁論準備手続期日（あるいは和解期日）を指定して，双方の当事者・代理人弁護士または少なくとも一方の当事者・代理人弁護士に裁判所への出頭を求めて，和解を成立させることになる。

　しかしながら，裁判所としては，新型コロナウイルスの感染拡大防止の必要性からすれば，できるだけ双方の当事者・代理人弁護士の裁判所への出頭なしに和解を成立させる方法を検討すべきことになり，具体的には，裁判所が定める和解条項の制度（民事訴訟法265条。いわゆる「裁定和解」の方法）を用いることや，いわゆる「17条決定」の方法[16]を用いることを検討すべきことになる。

6　判決言渡し期日を実施するか否か

　裁判所は，新型コロナウイルス問題が沈静化する前の時点において，判決言渡し期日を実施するか否かについて，慎重に検討すべきことになる。

　すなわち，判決の言渡しは，当事者が在廷しない場合においてもすることができるとされているので（民事訴訟法251条2項），判決言渡し期日に当事者・代理人弁護士が出頭する必要はなく，実務上も大半の事件では，当事者・代理人弁護士は判決言渡し期日に出頭しないため，新型コロナウイルスの感染拡大防止の必要性を考慮しても，なお判決言渡し期日は実施しても差し支えないようにも思われる。

　もっとも，民事訴訟の判決言渡しがなされて判決書が当事者・代理人弁護士に送達されると，上訴（控訴または上告・上告受理申立て）の期限がその送達から2週間以内とされていることから（民事訴訟法285条・313条），新型コロナウイルス問題の状況次第では，敗訴（一部敗訴を含む）した当事者・代理人弁護士において上訴するか否かについて十分な検討を実施することができないという事態も想定される。

　それゆえ，裁判所としては，個々の事件に関して民事訴訟の手続を進めることの必要性と，当事者に対する手続保障の要請とを比較して，必要に応じて双方の当事者・代理人弁護士の意向も確認したうえで，判決言渡し期日を実施するか否かを判断すべきことになる。なお，上訴の期間は，裁判所が付加期間を定めたときは，その分だけ延長される（民事訴訟法96条2項）。

　新型コロナウイルス問題の状況下では，当事者の希望がある場合には，裁判所は判決において付加期間を定めることも検討する必要があるものと考えられる。

16　「17条決定」とは，民事調停法17条の「調停に代わる決定」のことであり，民事訴訟で当事者双方の間で和解の話し合いが事実上まとまった場合において，当事者が双方とも裁判所に出頭せずに和解を成立させたいとき，裁判所が当該事件を調停に付して（いわゆる自庁調停とし，また，裁判官だけで調停を行う扱いが通常である），当事者双方の合意の内容に沿った17条決定をすると，決定の告知を受けた日から2週間以内に当事者双方から異議が出ないことを条件として，裁判上の和解と同一の効力が生じるとされていることから（民事調停法18条5項），裁判上の和解に代えて用いることができるというものである。この17条決定は，本来は，当事者間に合意が整ったうえで裁判所が決定することを想定した制度ではないが，和解の方法として行う場合には，実務上，当事者間の話し合いがまとまったことを裁判所が確認したうえで，その合意内容に沿って，裁判所が17条決定をすることとなる。

Ⅲ　新型コロナウイルス問題のもとでの訴訟対応（訴え提起前の紛争）

1　訴え提起するか否かの判断

新型コロナウイルス問題が沈静化する前であっても，民事訴訟の提起をすることは可能である。このことは，裁判所業務継続計画において，「文書の受付に関する事務」が「発生時継続業務」のうち「一般継続業務」とされているとおりである。

そのため，当事者・代理人弁護士は，必要と考える場合には，通常時と同様に，民事訴訟の提起をすることができることになる。

2　時効の対応

なお，訴え提起を急ぐ理由が，消滅時効の点にある場合には，改正された民法の151条に定められる「協議を行う旨の合意による時効の完成猶予」の規定に基づく書面による合意をする対応も考えられる。

この規定に基づく時効の完成猶予は，①その合意があった時から1年を経過した時，②その合意において当事者が協議を行う期間（1年に満たないものに限る）を定めたときは，その期間を経過した時，③当事者の一方から相手方に対して協議の続行を拒絶する旨の通知が書面でされたときは，その通知の時から6カ月を経過した時，のいずれか早い時までとされている（同条1項）。そして，この時効の完成猶予は，その猶予されている間に再度の合意をすることにより，当該合意はさらに時効の完成を猶予させる効力を有することになるが，再度の合意による時効の完成猶予の期間は本来時効が完成すべき時から5年を超えることができないとされている点には注意が必要である（同条2項）。

3　訴訟提起が見込まれる場合の社内対応

紛争の一方当事者が会社の場合，新型コロ

ナウイルス問題の影響下において紛争の相手方当事者による訴訟提起が見込まれるときは，実際に訴訟提起がなされた場合に適切に対応する体制を整えておく必要がある。

すなわち，訴訟が提起された場合には，被告とされた当事者は，裁判所の指定する期限までに答弁書を提出し，指定された口頭弁論期日に出頭する必要があるところ（裁判所が被告に送達する訴状副本や書証に同封される「第1回口頭弁論期日呼出状及び答弁書催告状」にそれらの期限および期日の記載がある），会社担当者が在宅勤務であるなどの理由から，当該会社に送達された訴状副本等が適切に扱われることのないままに第1回口頭弁論期日に（答弁書を提出することなく）不出頭となったような場合には，擬制自白（民事訴訟法159条3項）が成立して敗訴するなど，看過しがたい不利益が生じることが考えられるので，特に裁判所から会社に対して何らかの書面が送達された場合に（出社している一部の役職員において）当該書面をどのように扱うのかについて，報告・連絡等する体制を適切に構築しておく必要があることになる。

第10章

在宅勤務制度における
コンプライアンス上の留意点

山口利昭法律事務所
弁護士　山口利昭

新型コロナウイルス禍において，事業者に対しては感染予防対策の一環として，従業員の出勤削減，在宅勤務要請への協力が求められている。特に，テレワークを中心とした在宅勤務制度の導入は喫緊の課題である。

平時から「働き方改革」の一環として在宅勤務制度に取り組む企業のレベルとは別に，有事における在宅勤務制度の導入を検討している事業者を念頭に，①在宅勤務制度導入時，②同制度運用時，そして，③問題が発生した場合の危機管理時に分けて，事業者のコンプライアンス上の問題点を指摘し，対策を検討する。

I 事業者を取り巻く有事のコンプライアンス問題

このたびの新型コロナウイルスの猛威は，日本企業にリーマンショックを上回る打撃を与えつつある。新型コロナウイルスのまん延，それに伴う政府，地方自治体の緊急対策がどこまで続くのか見通しが立たない。まさに，企業にとっても緊急事態（有事）である。しかし，このような有事だからこそ，企業のホンネ（本性）が現れやすい。対応次第では，平時には「企業の社会的責任」，「ESG経営」ときれいごとを並べていても，いざ有事の本能的行動を外からみれば「自社のことしか考えていない三流企業だったのか」と評価されかねない。

そこで，本章では，「新型コロナウイルス影響下の法務対応」の一環として，有事における企業行動をコンプライアンスの視点で考察する。とりわけ，新型コロナウイルス対応として事業者が避けて通れない在宅勤務（主にテレワークの導入）制度のあり方について検討する。

なお，「在宅勤務制度」の概念はかなり広いが，本稿では会社と雇用契約を締結している者が，オフィスに出勤せず自宅で仕事を行う形態（週に1回でも），いわゆる「雇用型テレワーク」による勤務制度を中心に取り上げることにしたい[1]。

II 事業者が，適切な在宅勤務体制を構築すべき法的根拠

1 新型インフルエンザ等対策特別措置法

令和2年4月7日，政府はこのたびの新型コロナウイルスへの対応として，新型インフルエンザ等対策特別措置法（以下「措置法」という）32条1項に基づき，緊急事態宣言を

1　たとえば，事業者が雇用型テレワークを導入するのであれば，就業する場所を契約に明示しなければならないことから（労働基準法15条，同施行規則5条1項1の3号），まずは就業規則の改訂を必要と考える。しかし，中小の事業者も含めて緊急事態にテレワークを導入するにあたっては，法令遵守体制を万全に整備することを前提としていては，従業員の生命・身体を守れない事態となることが予想される。本稿は，法令遵守の姿勢においても，対応の優先順位に配慮すべきと考え，新型コロナウイルス対応という有事のコンプライアンス経営を念頭に執筆したものであることをお断りしておく。

発出した（同宣言による措置は翌日（4月8日）午前0時より発効）[2]。緊急事態措置を実施すべき区域として公示された都府県においては，措置法45条1項に基づき，各都府県の知事が住民に対して感染を防止するための協力要請を行っている。

具体的には，①新型コロナウイルスの潜伏期間および治癒までの期間ならびに発生の状況を考慮して都府県の知事が定める期間および区域において，②生活の維持に必要な場合を除き，みだりに当該者の居宅またはこれに相当する場所から外出しないこと，その他新型コロナウイルスの感染防止に必要な協力を要請するものである。

また，事業者においては，緊急事態宣言の公示がなされている区域以外においても，基本的な責務として新型コロナウイルスの感染予防に努め，政府や地方自治体が行う新型コロナウイルス感染対策に協力しなければならない。事業の実施にあたっては，感染防止，まん延防止のために，適切な措置を講ずるように努めなければならない（措置法4条1項，2項）。

このような協力要請に対して，事業者としては，（努力義務ではあるものの）新型コロナウイルスのまん延を防止する目的から，従業員が新型コロナウイルスに感染しないような措置を講じる必要がある。従業員のオフィスへの出勤を停止し，可能な限り在宅勤務に切り替える，という対応も，事業者にとっては当該義務を尽くすものである。

2　労働契約法ほか労働基準法関連法規

また，事業者には，従業員が新型コロナウイルスに感染することにより，生命・身体の安全を脅かされないように，労働契約法上の職場安全配慮義務の実践としても必要な措置が求められる。具体的には，従業員が新型コロナウイルスに感染しないような職場の環境を整備すること，感染者が出た場合もしくは疑いが生じた場合に対象者を隔離し，また濃厚接触が疑われる者の安全を確保する体制を整備することである[3]。政府の新型コロナウイルス対策により，学校が全面休校となった地域もあり，保護者が通常どおりの出勤に支障を来している家庭も多い。したがって，このような家庭を支える者の職場環境に配慮することも必要となる。その他，在宅勤務者もオフィス勤務者と同様に労働者として取り扱わねばならない。

3　会社法（事業継続計画の遂行）

さらには，事業者の役員には，緊急事態における事業継続のための対応が求められるが，従業員が新型コロナウイルスに感染すれば，人的資源が喪失されるだけでなく，当該従業員が勤務するオフィス，工場等も一定期間稼働困難となる。このような事態となった場合には，一刻も早く，通常の業務体制に回復させることが取締役等の善管注意義務の履行として要請される。

* * *

政府の出勤自粛等の要請に加えて，以上のような法律上の根拠に基づき，事業者は在宅勤務を中心とした新型コロナウイルスへの対応が喫緊の検討課題である[4]。すでに新聞報道等でも明らかなとおり，これまで在宅勤務を導入することに消極的だった事業者でも，

2　なお，4月16日に緊急事態宣言の対象は全都道府県に拡大された。
3　なお，テレワーク等で働く従業員についても，メインオフィスで勤務する従業員と同様に，労働安全衛生法に基づく措置を講じる必要がある。
4　株式会社パーソル総合研究所「緊急事態宣言（7都府県）後のテレワークの実態について，全国2.5万人規模の調査結果を発表」（令和2年4月17日）によれば，当初，緊急事態宣言の対象となった7都府県の従業員において，会社からテレワークを命令もしくは推奨されている人は約40％，特に会社から案内を受けていない人は約53％とされ，1カ月前の調査よりもテレワークを推奨する企業が急増しているようである。

社員に出社を禁止したうえで，在宅勤務制度を積極的に採用しているのが現実である[5]。そこで，これまで在宅勤務制度をあまり活用したことがなく，このたびの有事に初めて導入する事業者を念頭に，制度導入時，運用時，そして問題発生時の危機管理に分けてコンプライアンス問題を検討する。

Ⅲ 在宅勤務制度導入時のコンプライアンス問題

1 在宅勤務制度導入を後押しする政府の「出勤者最低7割削減」要請

4月11日，新型コロナウイルス感染症対策本部（内閣総理大臣）は，緊急事態宣言の対象区域である7都府県の全事業者に対して「従業員は原則在宅勤務，どうしても出勤しなければならないとしても，8割の出勤削減，最低でも7割削減してほしい」との要請を行った。また，関係各省庁に対して，出勤削減が徹底されるように監督することを指示する方針が表明された。

しかし，中小を含めた事業者としては「出勤者を7割削減する」ということは，極めて困難な達成目標である。あまりにもハードルが高いため，政府の事実上の要請，従わずともペナルティはない，ということで，特に対策をとらない，という事業者も出てくると思われる（特に中小の事業者としては，従業員の出勤が前提でなければ仕事ができない，といった意識が強い[6]）。

しかし，法令遵守だけでなく，社会からの要請に適切に対応することがコンプライアンス経営だと考えるのであれば，新型コロナウイルス感染対策の一環として，政府から要請されたことに無関心な姿勢を貫く，というわけにはいかないであろう。とりわけ「在宅勤務制度を導入しない」といった姿勢が，従業員を含めたステークホルダーからどのように評価されるのかが問題となる[7]。

2 崩れ始めた事業者の「横並び主義」

上記のような政府の要請を受けて，各事業者は他社動向を注視することとなる。「在宅勤務制度導入」の理念は理解できるとしても，積極的に導入してこなかった事業者にとって，どう対応してよいのかわからない。そもそも在宅勤務制度になじむような職種ではない，との意見が聞かれる。

一方，他社が導入しているにもかかわらず，自社のみ導入していないとなれば，おそらく「同調圧力」によって「従業員の感染リスクに無頓着な会社，社会的な責任を果たさない会社」として，社会的な批判に晒されることになる。そこで，「みんなで渡れば怖くない」といった感覚で，在宅勤務制度への対応は「横並び主義」で検討したいというのが各事業者の本心であろう。しかし，このところの感染拡大の状況をみるに，このたびの新型コロナウイルス禍においては，もはや日本企業の「横並び主義」は通用しないと心得ておいたほうがよさそうである。

ちなみに，有事における「横並び主義」を象徴する出来事の1つとして，大手ゼネコン

---

5 なお，新型コロナウイルスの感染拡大を受け，パソコンやタブレットの需給が逼迫していることに，有事の在宅勤務制度導入の困難さが如実に示されている。在宅勤務が広がりパソコン等の需要が急増する一方，サプライチェーン（供給網）の乱れで供給がままならないためである（生産地が中国に偏り，部品調達などで混乱が生じている）。パソコンなどの供給が滞り，円滑にテレワークができない人が増えれば事業者の競争力が落ちることになる。平時のBCP（事業継続計画）の見直しが必要である。
6 中小企業では，規模が小さいほどテレワークの実施率が低い。東京商工会議所が会員企業に対して3月に実施したアンケート調査によると，従業員300人以上が57.1％だったのに対し，50人以上300人未満で28.2％，50人未満で14.4％である（東京商工会議所「新型コロナウイルス感染症への対応について」（令和2年4月8日））。
7 他社の対応状況を把握するためにも，政府や自治体が検討している在宅勤務制度導入のための補助金制度を活用することも1つの方法である。

の西松建設株式会社が，令和2年4月8日，自社HPに以下のような方針を公表したことを紹介する。

新型コロナウイルス緊急事態宣言を受けた当社の対応について

当社は，4月7日に安倍総理大臣より発令されました「緊急事態宣言」を受け，社員や協力会社の安全と健康を考慮し，4月8日から5月6日までの期間，感染爆発および医療崩壊防止の観点から，対象地域（東京，神奈川，埼玉，千葉，大阪，兵庫，福岡）の7都府県の営業体制を在宅勤務等でご対応させて頂く場合がございます。

また，施工中の現場につきましては，発注者と協議の上，工事中止・現場閉所することを基本方針といたしております。

皆様には大変ご不便をお掛けする場合がございますが，何卒ご容赦頂きますようよろしくお願い申し上げます。

今後も，当社は社員や協力会社をはじめとする関係者皆様の安全を最優先に，政府の方針や行動計画に基づき対応方針を決定の上実施してまいります。

新聞報道によると，西松建設は官公庁だけでなく民間から受注した工事も対象として，今後発注者と工事中止を協議する，とのことである。また，中止による工期の延長期間や金銭的な補償については「個別に検討する」という（朝日新聞デジタル（令和2年4月9日））。

西松建設以外の大手ゼネコンでは，上記リリースを衝撃として受け止めたものの，作業員の時差通勤や休憩の分散化などの対策をとったうえで工事を続けているところが多かった。そして，「発注者から指示があれば中断する」，「発注者からの要請を受けてから個別に対応を協議する」，「発注者と協議したうえで対応を決める」，「原則として継続する」との方針が多く，「受注者である我々から中止を申し出られるものではない」との意見も根強かった。しかし，他のゼネコン各社の現場従業員に感染者が認められたこと等により，自ら「工事中止」を決断する大手ゼネコンも増えてきている[8]。

3 自社のCSR，ESGの姿勢を行動に具体化せよ

おそらく，西松建設の思い切った方針には「民間発注者の理解を得られるのか」，「営業担当者が耐えられるのか」，「日給などで働く作業員への補償をどうするのか」，「工事を中断している間に，作業員が他の現場に流れたらどうするのか」，「工事再開にあたって作業員を集めることができるのか」等，さまざまな批判・意見が出てくることが予想される。

しかし一方では「建設会社だけが工事を続けていたのでは，一般の人たちから反発を招くのではないか。世間では工事現場は不衛生だと見られている可能性もあり，稼働中の現場を見て感染拡大を連想する人も出てくるかもしれない」との意見も予想される。

今後，新型コロナウイルス感染が収束し，さらには（筆者はかなりの時間を要すると予想しているが）経済的な好転の兆しが見えてきた段階までは，西松建設の対応が適切だったのか，事業を継続したほうが適切だったのか，見えてこないはずである。しかし，対応についてはどちらが正しいか，という評価は困難と考える。

要は，この有事にあたっては，業界の「横並び主義」を否定して，それぞれの事業者が

8　なお，脱稿時点において，大手ゼネコンの清水建設株式会社の現場社員が新型コロナウイルスに感染し，死亡したことが報じられている（清水建設「新型コロナウイルス感染拡大を受けた当社の対応について」（令和2年4月13日））。清水建設は受注工事の全面中止を決め，他の建設会社も工事の中止を検討しているようである。また，株式会社大林組も，自社従業員に感染者が認められたことから，「工事続行」に関する方針を転換した（大林組「新型コロナウイルス感染者の発生について」および「緊急事態宣言の全国拡大に伴う当社対応について」（令和2年4月17日））。

「どのような姿勢で対処することがステークホルダーの期待に適切に応えていることになるのか」という点をきちんと（企業理念や行動規範に遡って）説明できるようにすることが最も大切だと考える。

西松建設の例は在宅勤務制度導入にも該当する。全事業者への政府の要請ということからすれば，その実現方法は各事業者の判断に委ねられるはずである。たとえ出勤社員の7割削減が「実現困難」なものだとしても[9]，その実現に向けた姿勢を具体的に示す（説明責任を果たす）ことが，いま，有事の企業コンプライアンスとして求められているものと考える。

Ⅳ 在宅勤務制度運用時のコンプライアンス問題

1 未曾有の有事対策に特有の課題とは？

一般的には，在宅勤務制度を運用する場合の具体的な法律問題を指摘することが，コンプライアンス問題を取り上げるにはふさわしいのであろう。たとえば在宅勤務制度にはどのような労働関連法規が適用されるのか，労働時間はどのように管理すればよいのか，在宅勤務者には労災は適用されるのか等を，該当法令や条文を挙げながら解説する，というものである。

ただ，そのような解説は，平時に「働き方改革」，「ワーク・ライフ・バランス」実現の一環として在宅勤務制度を採用したいと考える企業，実際に運用を開始した企業への解説としてふさわしいものであるが，全事業者が「出勤制限」という政府の要請に応えるために在宅勤務制度を導入するケースでは，もう

少し根源的な問題に光を当てるべきである。

そこで，有事に「どうしても在宅勤務制度を導入せざるをえない」と切羽詰まっている企業を対象に，平時とは異なる視点からの制度運用時の問題を指摘したい。コンプライアンスは，単なる「法令遵守」ではなく，「社会の期待に適切に対応する企業の姿勢」と捉えるのであるならば，緊急時に在宅勤務制度を採用したものの，かえって「企業の品質，品格」を疑われる行動に至ってしまわないか，という問題意識による解説である。

2 従業員の抱く不公平感

たとえば平時にテレワークを運用するにあたっては，在宅勤務者にも出勤者にも，テレワークの必要性について十分な説明がなされ，できるだけ勤務条件への不公平感を除去する取組みが行われる。一般に（在宅勤務について）「選択制」や「許可制」が採用されることが多いが，このような制度が従業員の在宅勤務を軽視する傾向を助長している，という見方もある[10]。

とりわけ，有事に運用を開始するとなると，テレワークの生産性やテレワークによる作業内容への偏見などが表面化し，ハラスメント，過度の労務管理（厳しすぎる内部統制），情報共有の機能不全などを起こし，いわゆる「不祥事の温床」に発展しやすい。「仕事というものは，本来出社して行うものであり，在宅勤務はその補完にすぎない」といった考え方を持つ従業員は多いであろうし，また，在宅勤務者にしても，リモート会議においては同様の考え方からか，自己主張が遠慮がちになってしまう。この「従業員の抱く不公平感」をいかにして払しょくすべき

9　大規模な事業者は，在宅勤務制度の導入にあたり，サプライチェーンを意識しなければならない。往々にして，自社が「出勤7割削減」の実行にこだわるあまり，そのしわ寄せが取引先やグループ会社の業務に過大な負荷をかけ，関係各社の従業員の在宅勤務を妨げることがある。自社のコンプライアンス経営にこだわることが，新たな「下請いじめ」等のコンプライアンス違反を生むことになることに留意すべきである。

10　日経ビジネス「リモートワークは効率悪い？　チーム力を高める秘策とは」（令和2年4月20日号）47頁参照。

か。長期的な対処としては，職務の成果を「見える化」する，といったことが推奨されるが，短期的な対処としては困難であろう。

そこで，まず有事には（在宅勤務を含めた）テレワークが原則であることを事業者として宣言することが必要である。また，リモートで参加する従業員に対しては「オン」と「オフ」を切り替えて参加することをルール化すべきである。在宅で参加する従業員の意識だけの問題ではなく，出社している従業員の意識にも訴えかける施策でなければ不公平感はなくならない。たとえば，さまざまな失敗はあるかもしれないが，経営幹部も実際に在宅でリモート会議に参加する，在宅勤務者が会議のホストを務める，といった試みにより，在宅勤務の必要性を役職員全員が認識として共有する必要がある。

3 「とりあえずやった感」で実施する問題

緊急事態宣言が出され，「出勤8割削減，最低でも7割削減」といった要請が出され，これを実現できたとしても，政府や自治体からの報奨制度は存在しない。地方自治体が休業要請を遵守する飲食店事業者等には「補助金（臨時交付金）」を出す，といった報奨制度と同様の補償がない以上，緊急事態宣言が出された区域かどうかにかかわらず，事業者には在宅勤務制度を実施することに前向きになれるインセンティブがない。また，金銭的報奨ではないとしても，「当社は出勤7割削減を達成しながら，なんとか事業を継続しました」と公表して，これが評価されるような社会的な仕組みも存在しない。

さらに「同調圧力」が社会的に機能しにくい。8時で営業を終了する飲食店が多い中で，要請に従わない飲食店が存在すれば，たしかに収益は上がるものの，同業者や地域住民からは批判を受けることにもなりうる。しかし「在宅勤務によって出勤を7割削減して

いない」という事態は，おそらく外部からは認識できない。

したがって，要請に対しては，「とりあえずやっています」といった感覚で在宅勤務制度を運用する事業者も多いことが予想される。

日本企業の「横並び主義」特有の問題として，「他社がやっているならウチもやっておこう」といった態度を，社内の従業員はすぐに察知するであろう。しかし，有事における在宅勤務制度の運用にあたり，この「とりあえずやった感」が社内にまん延することはコンプライアンス上大きな問題を抱えることになる。

なぜなら，トライアル・アンド・エラーによる問題対処が困難になるからである。後述Ⅴで詳しく述べるとおり，有事における在宅勤務制度の導入・運用は，準備運動もせずに働き方改革の本丸に乗り込むようなものであり，不正予防よりも（不祥事が発生した際の）問題対処型で対応せざるをえない。したがって，運用面における不具合は，その都度，在宅勤務制度を活用している在宅勤務者，出勤者から適切な報告および善処方への提案を必要とする。しかるに，「とりあえずやった感」で在宅勤務制度を運用していることを従業員が認識しているとなれば「どうせ有事が収束すれば元に戻る」，「この会社は生産性を上げるためにリモート会議を本気でやっているわけではない」といった気持ちになり，在宅勤務制度を実施したことで発生した不祥事が情報共有されない可能性が高くなる。

在宅勤務制度導入に伴い，労働法規違反，個人情報保護法違反，不正競争防止法違反等，さまざまなリーガルリスクが顕在化したとしても，その事実が経営陣に伝わりにくい状況だけは回避すべきである。

そこで，たとえば在宅勤務制度を活用するにあたっては，ビジネス上の意思決定のため

に不可欠な手法であることの認識を共有できるような工夫が求められる。単に会議に参加するための仕組み，在宅勤務者にも報告するための仕組みではなく，マネジメントのために在宅勤務制度が不可欠，という意識を持つためのストーリー作りが社内で求められる。

4 相互信頼の欠如（「寂しい」，「何をしているかわからない」）

平時からテレワークの導入等に積極的な事業者であれば，もはや何らかの対策をとっていると思われるが，緊急事態宣言が発出されたことで，事業の継続の必要上どうしてもテレワークを導入せざるをえなかった事業者にすれば，在宅勤務者の寂寥感や管理者の勤怠に関する疑心暗鬼（サボっているのではないか）を生じさせることは自然の成り行きである。

①在宅勤務によって管理が甘くなり（機会），②オンとオフが不明瞭なことによって，どうしても私生活上の行動を優先する気持ちとなり（動機），③新型コロナウイルス禍という状況での一時的な取組みだからという意識となり（正当化根拠），いわゆるクレッシーの法則[11]を当てはめると，有事に在宅勤務制度を採用すると，社内ルールを無視する行動は起きやすいものと言える。また逆に，事業者としては「性悪説」的な発想で，過度に管理行為を強めてしまい，労働法規に反するようなコンプライアンス問題を発生させるおそれもある。

有事においては，むしろ，上記のような従業員，事業者双方の感情が起きることは認めたうえで，「性善説」に則った相互の信頼関係の構築を図るべきである。

たとえば，週1回は在宅勤務者も本社に出社して，いわゆる密閉，密接，密集を予防し

ながらチームとリアルなオフィス勤務を行うこと，（通信環境に過大な負荷がかからないことが前提だが）在宅勤務者と常時接続を行い，いわゆる「バーチャルオフィス」を構築すること等が対策として考えられる。近時はZoomを活用したリモートでの飲み会なども開催されているが，在宅勤務制度の運用で課題とされるコミュニケーション不足についても，工夫することによって相互の（仕事における）信頼関係を構築できるものと思われる。

V コンプライアンスへの具体的な取組み（ヒト，技術，ルール）

1 有事の在宅勤務制度の導入においては「ヒト」の問題に光を当てる

いわゆる「働き方改革」のもとで，雇用慣行を変えて生産性向上を図るという目的でテレワークを導入するのであれば，平時の不正リスク管理として「事前防止型」の取組みが適切である。そこで，不正を防止するためには，通信設備の不具合を回避するといった「技術」への対応が必要となる。

しかし，有事の場面では，平時と同様の不正リスク管理の手法ではなく，問題が発生した場合を想定した「問題対処型」による取組みを優先したほうが，企業の品質・品格を毀損してしまうような不祥事回避には有効と考える。そのためには，在宅勤務制度を運用する「ヒト」の問題に光を当てるべきである。

2 在宅勤務者の「うっかりミス」を防ぐ

在宅勤務制度の導入といっても，自宅利用型テレワーク，顧客先や移動中に仕事を行うモバイルワーク，会社のサテライトオフィスを利用した勤務など，いくつかの形態があ

---

11 ホワイトカラーの犯罪は，「動機」「機会」「正当化事由」なる不正の三要素（不正のトライアングル）が揃った場合に発生しやすい，という犯罪学上の法則。米国の犯罪学者ドナルド・R・クレッシーが提唱したもの。

る。これらの在宅勤務制度の形態に慣れていない社員にとって，共通して留意すべき点は「うっかりミス」である[12]。つまり問題が発生しているにもかかわらず，これに気づかないケースが起こりうることを，従業員に認識してもらう必要がある。

たとえば，顧問先で開いているパソコンの画面をそのまま消さずにパソコンを離れること，自宅で利用しているパソコンのメンテナンスがされておらず，もしくは不要不急のサイトを閲覧することによってウイルスに侵食されている状況になっていること，在宅勤務のために社内から紙ベースで持ち帰った資料をどこかに置き忘れてしまうこと等である。

平時であれば，社内ルールを作成し，研修を行って在宅勤務者にルールを徹底することが求められるが，有事の導入となると浸透させる時間的な余裕はない。したがって，事業者側による啓蒙活動，つまり在宅勤務社員に対してポスターやイントラネットの表示等によって，逐次「うっかりミス」を防止するための注意を呼びかける必要がある。その際，事業者の啓蒙活動としては，単に「うっかりミスはしない」といった呼びかけではなく，コミュニケーション方法が変わったことをオフィス勤務者，在宅勤務者双方に訴えかける必要がある。会議の際には紙ベースの資料が存在することが当たり前なのではなく，コミュニケーションの変化によって，必要最低限の資料だけで短時間に会議や報告を終わらせる意識を共有させることも，「うっかりミス」を防止する工夫である。

3 利用する情報の重要度に優先順位をつける

問題対処型の取組みが機能しない例として，コミュニケーション不足が挙げられる。

たとえば重要情報が漏えいした可能性があるにもかかわらず，在宅勤務者にとっては「ミスはあったけれどもたいしたことではない，報告するほどのことではない」と勝手に判断して，後で大きな問題に発展してしまうことがある。ミスを起こした者は，どうしても正常性バイアスに陥るので，「たいしたことではない」と思い込みがちになる。

そこで，ミスを発生させた者が，適宜適切な報告が行えるよう，在宅勤務者が取り扱う社内情報について，情報の重要度を理解してもらうことが肝要である。詳細に暗記してもらうことまでは無理かもしれないが，理解する努力を通じて，自分のミスがどのような会社損害につながりうるのか，想像力を働かせてもらうだけでも十分な意味がある。

平時における在宅勤務制度の導入では，そもそも在宅勤務になじむ仕事となじまない仕事を分ける作業が行われる。しかし，有事導入においては，出勤削減の目的を達成するために，役員クラスにおいても在宅勤務を行うことが想定されている。したがって，仕事が在宅勤務になじむかどうか，それほど慎重に区別されていないことが想定され，事業者にとって重要な情報が在宅勤務において取り扱われることになる。したがって，平時以上に，情報の重要度に違いがあることを，在宅勤務者が認識すべきである。

4 情報のトレーサビリティに配慮する

「ヒト」の問題として，最も基本的なことであるが，在宅勤務者は誰にどの情報をいつ送ったのか，いつ受領したのか，メールに何を添付したのか，きちんと確認できるように自己管理する必要がある。

在宅勤務に慣れていないと，仕事が立て込んでいて忙しい状況でのメール送信などにミ

---

12 総務省「テレワークセキュリティガイドライン［第4版］」（平成30年4月13日公表）では，テレワークに関するトラブル事例とその対策が掲載されており参考になる。そもそも「うっかりミス」は起こりうるものと考えておくべきである。

スが発生しやすい。趣味のSNSと仕事用のSNSを間違えて，社内事情を別のグループに発信してしまう，といった事態は絶対に回避されねばならない。職場における情報共有体制の構築は重要な内部統制システムの1つであるが，在宅勤務制度を採用する場合には現実の職場以上に情報共有体制の確立が求められる。

また，誤った情報が共有され，不祥事が発生した場合に，これを修復するためには，誰が誤った情報を共有しているのかを速やかに把握する必要があるが，情報伝達の記録が正確でなければ，再発防止のための施策も難しい。

「俺は聞いていなかった」と上司から言われないように，どんな些細な社内メールでもccを付けてメールを送信する状況が見受けられるが，そのccを付された上司に後日ヒアリングをすると「そんなccを付けられても，見ていなかった。見ていたら注意したはずだ」といった答えが返ってくる。このような職場でのメールの活用に慣れた役員，社員は，在宅勤務制度を活用する際の情報共有のあり方について，意識を改革する必要がある。

5　労働時間管理への柔軟な発想

テレワークについては，「離れた場所での勤務」が本質であって，労働時間管理の面においては通常勤務とほとんど変わらないと心得ておく必要がある[13]。たとえば，雇用型テレワーカーに対しては，通常勤務の従業員と同様に，その労働基準関係法令が適用され，労働契約法によって解雇制限，不利益変更の制限等の法理が適用される（当然のことながら，同一労働・同一賃金の原則も適用される）。事業者側は社会保険制度の適用についても配慮しなければならない。

とりわけ，事業者には，労働基準法等により，従業員が働いた時間を把握・管理する義務があり，これは在宅勤務制度においても変わらない。一方，在宅勤務者も，自宅にいれば仕事を中断することがしばしばあるが，原則として，始業・終業時刻はもとより，業務から離れた時刻や戻った時刻をその都度，記録する必要がある。

近年はパソコン操作で済ませることができるシステムもあるが，在宅勤務者にとって煩わしさが完全になくなるわけではない。子どもの面倒をみている人は，仕事から育児へ，また仕事へといった繰り返しの断続労働になる。いちいち時間をつけられるのかという問題がある。

オフィス勤務者であるなら，いまや多くのの人が企画力や創造性を求められる。斬新なアイデアを追い続ける人にとって，労働時間管理はとりわけ煩雑である。時間の記録を気にかけながらでは，集中できず，生産性が落ちることも懸念される。

しかし，こうした厳正な労働時間の管理は，「労働といえば職場で働くこと」を念頭に置いた仕組みである。働き方が多様化し，働く場所が会社の中とは限らない現在は，時間管理を徹底しようとしても限界がある。このような有事にこそ，この時間管理の発想を修正すべきであろう。

テレワークは大地震や豪雨などの災害時にも活用でき，平時でも生産性向上を促す働き方として定着が期待されている。今より使いやすくするために，労働時間管理のルールをもっと柔軟にすることが求められよう。少なくとも有事における在宅勤務制度では，働いた時間の長さでなく，どんな成果を出したかで業務を評価する仕組みを設定すべきであ

13　末啓一郎『テレワーク導入の法的アプローチ』（経団連出版，2020）17頁。

る。

　また，労働時間の把握には働きすぎを防ぐという重要な狙いもある。仕事の時間配分を自分で決める裁量労働制でも，会社が日々の就労状況を把握しなければならないのは，社員の健康管理のためである。

6 「紙による保存」，「紙による意思決定の文化」への対応

　発想を変えるべきは，時間管理だけではない。社内稟議は上司の印鑑が必要なため，社内の意思決定手続において紙ベースでの決済が必要となる場面が多い。また，自宅の作業において会社資料を参照したいと思っても，クラウド上のデジタルベースに存在するわけではないことも多く，しかたなく出社せざるをえない事態も生じる。これらは，在宅勤務制度が浸透しない大きな要因である[14]。平時であれば，そもそも在宅勤務制度になじむ職種だからこそ自宅に持ち帰っても効率的に業務をこなせるが，いきなり有事に職種を選ばず在宅勤務に切り替えるとなると，日本企業の「紙文化の壁」にぶつかり，かえって平時における在宅勤務制度の導入にマイナスイメージを与えてしまう懸念がある。

　この問題をコンプライアンスの視点から捉えるならば，1つは社内ルールに反する意思決定がなされるリスク，もう1つは自宅作業のために社内資料を持ち帰ることによる情報流出リスクである。

　いずれのリスクも「事前防止型」の内部統制の課題と考えるのであれば，電子契約サービス，印鑑に代わる電子認証制度，タイムスタンプやクラウドサービスの活用といった対策が考えられる。しかし，それらを活用する

には時間も費用も要するのであるから，中小の事業者も含めた有事の対策としてはハードルが高い。

　そこで，上記のようなリスクが存在することを念頭に，テレワークによる意思決定等が，通常の内部統制システムの例外である証跡を残すことが必要である。上司の印鑑の代わりにメールでの承認記録を残す，取引先からの紙ベースでの請求書，納品書への対応も取引先に理解を求めて例外的処理で対応し，その処理経過を残す。社内資料にアクセスできずに業務を遂行するのであれば，その旨を記録に残すことである。平時の内部統制システムを100点とすれば，有事のシステムは合格最低点でよい，との認識を社内で共有しなければならない。

　また，後日，本格的に在宅勤務制度を導入するにあたり，社内の紙文化を変えるために最大の壁となるのは経営者の理解である。導入することでどれだけ利益があるのか，といったイメージが把握しづらい。そこで，有事の実例から「これだけ業務に支障が生じた」，「これだけ失敗例が出た」として，紙文化脱却の効率性を説明する必要がある。まずは紙文化の存在によってテレワーク導入は難しい，とされる常識を受け入れたうえで，トライアル・アンド・エラーを繰り返し，この失敗例を社内の働き方改革に生かすべきである。

Ⅵ まとめ

　新型コロナウイルスのまん延により，日本企業の経済活動が完全に停滞している。しか

14　一般社団法人日本 CFO 協会が，上場企業の最高財務責任者ら経理・財務幹部577人に「新型コロナウイルスによる経理財務業務への影響に関する調査」を実施したところ，新型コロナウイルスの感染拡大が始まった2，3月には約7割がテレワーク勤務を実施したが，4割の企業で途中断念に至った。また，紙の書類のデジタル化に対応できている企業は36％にとどまっている（日本 CFO 協会「日本 CFO 協会，『新型コロナウイルスによる日本企業の経理財務業務への影響』についての調査結果と考察を発表」（令和2年4月6日））。

し，経済活動の再開時期を探って，少しでも事業活動のダメージを少なくするための努力は必要である。在宅勤務制度のあり方が，これほどまでに真剣に検討された時期はなかったであろう。有事導入，ということなので，万全の体制で臨むことなどありえない。在宅勤務制度のために用意されたPC，タブレットを使用するのではなく，自身が使い慣れたPC，スマートフォンを活用しての体制で臨む事業者も多い。また，そもそも中小の事業者においては，やりたくてもやれないのが現実かもしれない[15]。技術だけでなく，勤怠管理の問題が浮かび上がり，かえって社員間の信頼関係を阻害する事態になることも想定される。

　しかし，誤解をおそれずに言えば，平時であれば許されない失敗でも，有事だからこそ許される失敗はある。特に，新型コロナウイルス問題は全世界の経済を止めた。国内，国外を問わず，経済活動が正常ではないことは自分事として理解できる。コンプライアンスの観点からは，経済活動が再開したときに，競争の舞台に上れない（競争上のハンデを背負ってしまう）重大な不祥事を発生させてしまっては困るが，新しいことにチャレンジして，たとえペナルティを受けたとしても，それが事業者の資産になるような失敗はおそれるべきではないと考える。在宅勤務制度の導入は，生産性の向上につながる課題であることは間違いない。したがって，このたびの新型コロナウイルス禍における活用を「緊急時の利用」だけにとどめるのか，それともこの経験を，今後の恒久的な利用につなげるのか，それは事業者の重要な経営判断である。

　本稿の脱稿時点において，まだ緊急事態が

いつまで続くのか予想もできない。しかし，「8割出勤制限，最低でも7割」なる政府の要請に，事業者が一生懸命に応えようとする姿勢をみるに，この有事の苦しい経験を，これからの事業者の経営に活かしてほしいと願う次第である。

（脱稿後追記）

　本稿Ⅲ2において，「崩れ始めた事業者の『横並び主義』」として紹介したゼネコンの工事中断問題であるが，脱稿後，多くのゼネコンが，発注者の同意を得て建設工事の中断に動き出していることが，各メディアで報じられている。また，建設工事が止まることで，多くの工事関係者が被る損害も明らかになっている。当初，西松建設が新型コロナウイルス禍の中で工事中止を宣言した際には，驚きをもって見守っていた同業他社が，1カ月にも経過しないうちに追随したことになる。

　在宅勤務制度についても，導入した企業が増えるに従って，さまざまな問題点が浮かび上がっている。しかし，たとえ一時的であったとしても，「問題対処型」で乗り切り，テレワークが当たり前の風景となった。

　そして，企業社会における在宅勤務制度への評価が大きく変わりつつある。このたびの新型コロナウイルス禍が収束した折には，テレワークを中心とした在宅勤務制度が，中小事業者を含めて，職場における働き方を変えていくことは間違いないであろう。なによりも，出勤者と在宅勤務者とのコミュニケーションのあり方が見直され，前向きな信頼関係が形成されることが予想される。

15　なお，中小の事業者が在宅勤務制度を導入するにあたり，労務管理上での問題への対処として，厚生労働省「テレワークにおける適切な労務管理のためのガイドライン」（令和元年9月）がわかりやすくて参考になる（https://www.mhlw.go.jp/content/000553510.pdf）。
　　さらに，厚生労働省は，「新型コロナウイルスに関するQ&A（企業の方向け）」をHPに開設し，感染状況に合わせて連日更新しているので参照されたい（https://www.mhlw.go.jp/stf/seisakunitsuite/bunya/kenkou_iryou/dengue_fever_qa_00007.html）。

巻末資料　雇用調整助成金の特例の拡充（※令和2年4月30日時点）

（事業主の方へ）

新型コロナウイルス感染症の影響を踏まえ雇用調整助成金の特例を拡充します

～雇用調整助成金を活用して従業員の雇用維持に努めて下さい。～

雇用調整助成金とは、経済上の理由により事業活動の縮小を余儀なくされた事業主が、労働者に対して一時的に休業、教育訓練又は出向を行い、労働者の雇用の維持を図った場合に、休業手当、賃金等の一部を助成するものです。

【特例の対象となる事業主】

新型コロナウイルス感染症の影響を受ける事業主を対象とします。

令和2年4月1日から令和2年6月30日まで（緊急対応期間）の休業等に適用されます。

助成内容のポイント	中小企業	大企業
①休業を実施した場合の休業手当または教育訓練を実施した場合の賃金相当額の助成（※1，2）	助成率	
新型コロナウイルス感染症の影響を受ける事業主	4／5	2／3
新型コロナウイルス感染症の影響を受ける事業主で、かつ、解雇等をしていないなど上乗せの要件（※3、4）を満たす事業主	9／10	3／4
②教育訓練を実施したときの加算	加算額	
教育訓練が必要な被保険者の方に、教育訓練（自宅でインターネット等を用いた教育訓練含む）を実施※5	2,400円	1,800円
③支給限度日数	限度日数	
通常時	1年間で100日	
緊急対応期間	上記限度日数とは別枠で利用可能	
④雇用保険被保険者でない方	助成率	
雇用保険被保険者でない方を休業させる場合	上記①の助成率と同じ	

※1　対象労働者1人1日当たり 8,330円が上限です。（令和2年3月1日現在）
※2　助成額は、前年度の雇用保険の保険料の算定基礎となる賃金総額等から算定される平均賃金額に休業手当支払率（休業の場合は60％以上、教育訓練の場合は100％）を掛け、1日当たりの助成額単価を求めます。
※3　P2の【助成内容と対象の拡充をします】の②を参照ください。
※4　出向は当該助成率は適用されません。
※5　雇用保険被保険者のみが対象となります。
※　風俗営業等関係事業主への支給も可能とします。

厚生労働省HP

　厚生労働省・都道府県労働局・ハローワーク

LL020410企01

-1-

133

(事業主の方へ)

【助成内容や対象を大幅に拡充します】

<u>令和2年4月1日</u>から<u>令和2年6月30日</u>まで（緊急対応期間）の休業等に適用されます。

---

① 休業又は教育訓練を実施した場合の<u>助成率を引き上げます</u>　　NEW
　【中小企業：2/3から4/5へ】【大企業：1/2から2/3へ】

② 以下の要件を満たし、解雇等しなかった事業主に助成率の<u>上乗せをします</u>　NEW
　【中小企業：4/5から9/10へ】【大企業：2/3から3/4へ】
　ア　<u>1月24日</u>から賃金締切期間（判定基礎期間）の末日までの間に事業所労働者の解雇等
　　（解雇と見なされる有期契約労働者の雇止め、派遣労働者の事業主都合による中途契
　　約解除等を含む。）をしていないこと
　イ　賃金締切期間（判定基礎期間）の末日における事業所労働者数が、比較期間（1月24日
　　から判定基礎期間の末日まで）の月平均事業所労働者数と比して<u>4／5以上</u>であること

③ 教育訓練を実施した場合の<u>加算額の引き上げ</u>をします　　NEW
　教育訓練が必要な被保険者の方について、<u>自宅で</u>インターネット等を用いた<u>教育訓練も</u>
　<u>できるようになり</u>、<u>加算額の引き上げ</u>を行います。【中小企業：2,400円】【大企業：1,800円】
　※助成対象となる教育訓練となるか不明な場合には実施前に管轄の労働局等に
　　お問い合わせください。

④ 新規学卒採用者等も対象としています
　新規学卒採用者など、<u>雇用保険被保険者として継続して雇用された期間が6か月未満の</u>
　<u>労働者</u>についても助成対象としています。
　<u>（※本特例は、休業等の初日が令和2年1月24日以降の休業等に適用されています。）</u>

⑤ <u>支給限度日数に関わらず活用できます</u>　　NEW
　「<u>緊急対応期間</u>」に実施した休業は、<u>1年間に100日</u>の支給限度日数とは別枠で利用
　できます。

⑥ <u>雇用保険被保険者でない労働者</u>も休業の対象とします　　NEW
　事業主と雇用関係にある<u>週20時間未満の労働者（パート、アルバイト（学生も含む）等）</u>など
　が対象となります。

-2-

134

【受給のための要件の更なる緩和をします】

休業等の初日が**令和2年1月24日**以降のものに**遡って**適用されます。
ただし、① 生産指標の要件緩和については、
緊急対応期間である令和2年4月1日から令和2年6月30日までの休業等に適用されます。

---

① **生産指標の要件を緩和します** NEW

ア 生産指標の確認は提出があった月の前月と対前年同月比で**10%の減少**が必要でしたが、対象期間の初日が緊急対応期間である令和2年4月1日から令和2年6月30日までの間は、これを**5%減少**とします。

イ 生産指標の確認期間を**3か月から1か月に短縮**しています。
（※生産指標の確認は提出があった月の前月と対前年同月比で確認します。）

② **最近3か月の雇用量が対前年比で増加していても助成対象としています**

③ **雇用調整助成金の連続使用を不可とする要件（クーリング期間）を撤廃しています**
過去に雇用調整助成金を受給したことがある事業主について、前回の支給対象期間の満了日から**1年を経過していなくても助成対象**としています。

④ **事業所設置後1年以上を必要とする要件を緩和しています**
（※この場合の、生産指標の確認は提出があった月の前月と令和元年12月を比べます。）

⑤ **休業規模の要件を緩和します** NEW
休業等の延べ日数が対象労働者に係る所定労働日数の1/20（中小企業）、1/15（大企業）以上となるものであることとしていましたが、これを**1/40（中小企業）、1/30（大企業）以上に緩和**します。

【雇用調整助成金が活用しやすくなります】

休業等の初日が**令和2年1月24日**以降のものに**遡って**適用されます。

---

① **事後提出を可能とし提出期間を延長します** NEW
すでに休業を実施し、休業手当を支給している場合でも、**令和2年6月30日まで**は、事後に提出することが可能です。
（※生産指標の確認は提出があった月の前月と対前年同月比で確認します。）

② **短時間休業の要件を緩和し活用しやすくします** NEW
短時間休業については、従来、事業所等の労働者が一斉に休業する必要がありましたが、事業所内の部門、店舗等施設毎の休業も対象とする等緩和し、活用しやすくします。

③ **残業相殺制度を当面停止します** NEW
支給対象となる休業等から時間外労働等の時間を相殺して支給すること（残業相殺）を当面停止します。

【短時間休業の要件緩和の活用例】

① 立地が独立した部門ごとの短時間一斉休業を可能とします。
　（例：客数の落ち込んだ店舗のみの短時間休業、製造ラインごとの短時間休業）
② 常時配置が必要な者を除いて短時間休業を可能とします。
　（例：ホテルの施設管理者等を除いた短時間休業）
③ 同じ勤務シフトの労働者が同じ時間帯に行う短時間休業を可能とします。
　（例：8時間3交代制を6時間4交代制にして2時間分を短時間休業と扱う）

【教育訓練の拡充の活用例】

・従前は訓練日に就労することができませんでしたが、半日訓練後、半日就労すること
　を可能とします。
　（※半日訓練の場合は、加算額が半額になります。）
・感染防止拡大の観点から、自宅等で行う訓練も助成対象となる訓練とします。
　※助成対象となる教育訓練となるか不明な場合には実施前に管轄の労働局等に
　　お問い合わせください。

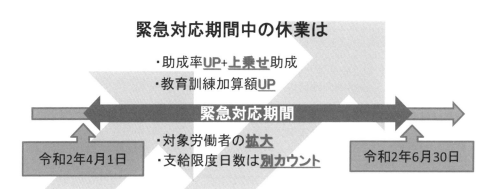

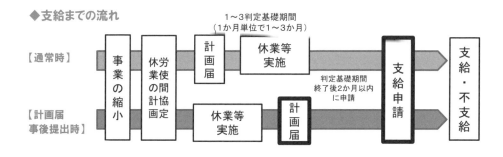

-4-

※関連する章……第7章，第8章
　なお，雇用調整助成金に関する助成率等の見直しは最新情報をフォローされたい。

■執筆者一覧

明司雅宏　サントリーホールディングス株式会社　法務部

1992年京都大学文学部哲学科卒業。92年サントリー株式会社入社。営業部門，財務部門を経て，M&A，組織再編，コーポレートガバナンスなどを中心として法務業務に従事。2017年より現職。

松尾博憲　長島・大野・常松法律事務所　弁護士

2004年東京大学法学部卒業，05年弁護士登録。09年7月から法務省民事局参事官室に勤務し，民法（債権法）改正の立案作業に従事。主な著作として，『定型約款の実務Q&A』（共著，商事法務，2018），『Practical 金融法務　債権法改正［第2版］』（共著，きんざい，2020）がある。

池田直樹　長島・大野・常松法律事務所　弁護士

2013年慶應義塾大学法学部法律学科卒業，15年慶應義塾大学法科大学院修了，16年弁護士登録。主な著作として「借地上の建物の建替・再築（前編）」（ARES不動産証券化ジャーナル37号），「借地上の建物の建替・再築（後編）」（ARES不動産証券化ジャーナル38号）（いずれも共著）がある。

近澤　諒　森・濱田松本法律事務所　弁護士

2007年東京大学法学部卒業，08年弁護士登録。16年ペンシルバニア大学ロースクール卒業，17年ニューヨーク州弁護士登録。M&A／企業再編，アクティビスト対応，コーポレートガバナンスなどを取り扱う。

主な著書・論文として，『変わる株主総会』（共著，日本経済新聞出版社，2018），「ESGとアクティビズム」（会計・監査ジャーナル32巻3号（2020）），『バーチャル株主総会の実務』（共著，商事法務，2020）など多数。

須磨美月　三井住友信託銀行株式会社　証券代行コンサルティング部　調査役　弁護士

2009年同志社大学大学院司法研究科卒業。10年弁護士登録。17年三井住友信託銀行入社（現職）。著作・論文として，「イギリス会社法における取締役の一般的義務－2006年会社法の制定と今後の展開」（Asahi Judiciary 法と経済のジャーナル），「英国コーポレートガバナンス・コードと改訂の概要—日本企業は英国コーポレートガバナンス・コード改訂から何を学ぶべきか—」（資料版／商事法務414号），『株式実務　株主総会のポイント』（共著，財経詳報社）ほか。株主総会実務，コーポレートガバナンスに関するコンサルティング等に従事。

松山　遙　日比谷パーク法律事務所　弁護士

1992年司法試験合格。93年東京大学法学部卒業。95年東京地裁判事補任官。2000年弁護士登録，同年日比谷パーク法律事務所入所。主な著作として，『敵対的株主提案とプロキシーファイト［第2版］』（商事法務，2012），『はじめて学ぶ社外取締役・社外監査役の役割』（商事法務，2017），『実効的子会社管理のすべて』（共著，商事法務，2018），『ガイダンス　監査役・監査役会の実務』（共著，商事法務，2019）ほか多数。

森　大樹　長島・大野・常松法律事務所　弁護士

2001年慶應義塾大学法学部卒業。02年弁護士登録，長島・大野・常松法律事務所入所。06年東京大学大学院法学政治学研究科非常勤講師。07年〜09年内閣府・内閣官房・消費者庁にて勤務。10年〜上智大学法科大学院非常勤講師。『日米欧　個人情報保護・データプロテクションの国際実務』（別冊NBL162号・編集代表）など多数の著作あり。訴訟・紛争解決業務や国内外の個人情報・プライバシー関係，消費者関連法を中心として，企業法務全般に従事している。

大川　治　堂島法律事務所　弁護士

1966年弁護士登録。堂島法律事務所パートナー（東京・大阪事務所兼務）。大阪大学大学院高等司法研究科兼任教員（学外）客員教授。与信管理士，公認不正検査士。主な取扱分野は，企業法務全般，与信管理，債権保全・回収，組織再編・M&A等であり，これらの分野の講演・著作も積極的に行う。『与信管理入門　新版』（共著，金融財政事情研究会，2019），『実践！債権保全・回収の実務対応［第2版］』（共著，商事法務，2019）ほか著書多数。

安倍嘉一　森・濱田松本法律事務所　弁護士

2005年弁護士登録。森・濱田松本法律事務所パートナー弁護士。企業における人事・労務問題全般について豊富な実績を持つ。主な著作として，『ケースで学ぶ労務トラブル解決交渉術』（民事法研究会，2013），『企業情報管理実務マニュアル―漏えい・事故リスク対応の実務と書式―』（共著，民事法研究会，2015）ほか。

圓道至剛　島田法律事務所　弁護士

東京大学法学部卒。2003年10月弁護士登録。09年4月裁判官任官。12年4月弁護士再登録。現在，島田法律事務所パートナー弁護士。主な著作として，『企業法務のための民事訴訟の実務解説〈第2版〉』（第一法規，2019）等がある。

山口利昭　山口利昭法律事務所　代表弁護士

複数企業の社外取締役，社外監査役を務める。著書は『不正リスク管理・有事対応――経営戦略に活かすリスクマネジメント』（有斐閣，2014）等多数。ブログ「ビジネス法務の部屋」管理人。

新型コロナウイルス影響下の法務対応

2020年6月15日　第1版第1刷発行

編　者　㈱中央経済社
発行者　山　本　　　継
発行所　㈱中央経済社
発売元　㈱中央経済グループ
　　　　パブリッシング
〒101-0051　東京都千代田区神田神保町1-31-2
電話　03(3293)3371(編集代表)
　　　03(3293)3381(営業代表)
http://www.chuokeizai.co.jp/
印刷／文唱堂印刷㈱
製本／誠　製　本　㈱

©2020
Printed in Japan

＊頁の「欠落」や「順序違い」などがありましたらお取り替えいた
しますので発売元までご送付ください。(送料小社負担)
ISBN978-4-502-35331-4　C3032